作者簡歷

一、學歷：

東吳大學 歷史學系
中原大學 宗教研究所
以色列耶路撒冷希伯來大學 – 希伯來語第六級(最高級)文憑

二、以色列相關經歷：

2012.11 - 2013.5	以色列國際志工 Kibbutz Samar。
2014.9 - 2015.4	以色列國際志工 Kibbutz Ein Gev。
2015.7 - 2017.6	耶路撒冷希伯來大學主修希伯來語。
2016 - 2017	在以期間曾四度受邀至以色列國會中文-希伯來文-英文翻譯。
2018.3	創辦妥拉坊，推廣希伯來語與妥拉學習。
2018.3 - 2020.6	基督教網路平台:鴿子眼「奧秘之鑰-解鎖妥拉」、「創世奧秘-文字智慧:22 個希伯來語字母解析」主講人。
2018.12-2020.12	以色列聯合呼籲組織台灣分會妥拉講師。
2019.10 迄今	政大公企中心 現代/聖經希伯來語、妥拉講師。

三、參與講座：

2018.12 以色列教育思維影響力論壇：「踏進人生的應許之地-以色列經驗的個人生命省思」，由迦樂國度文化主辦。

2019.4 妥拉:生命之道 猶太文化藝術展(台南場)，主講「出埃及記文本詮釋及其宗教意涵」由猶沐文化主辦。

2019.9 政大公企中心，「智慧之鑰-希伯來語」。

2019.10 妥拉: 生命之道 猶太文化藝術展 (台北場)，共四場講座:「猶太人的精神食糧:妥拉、猶太人的教育思維、上帝的文字:希伯來語、上帝的行事曆」。由猶沐文化、正義美學土辦。

2020.8 妥拉藝術文化展:共生共存，「奇布茲:以色列志工經歷的省思啟示」。由猶沐文化、正義美學主辦。

妥拉坊自 2018 年 3 月創辦以來，亦不定期自行舉辦希伯來語、及妥拉相關的課程及講座。

作者序

由基督教網路平台:鴿子眼策畫,以基督徒的角度來讀妥拉,冀望用深入淺出之方式來介紹妥拉的「奧秘之鑰-解鎖妥拉」這一系列影片拍攝計畫,前後歷時兩年多,從 2018 年 3 月開始至 2020 年 5 月結束。筆者有幸,受邀撰寫該計畫的所有影片腳本 (逐字稿) 的內容,從「創世記、出埃及記、利未記、民數記、申命記」共 54 段妥拉、以及「耶和華的節期」、和「創世奧秘-文字智慧」22 個希伯來文字母解析。以上內容文字,共逾六十餘萬字,拍出 300 多支的影片。

自 2020 年 5 月拍攝結束後,筆者開始將這些文字整理成冊,以待日後出版成書,從創世記、出埃及記、利未記、民數記、申命記、耶和華的節期、和 22 個希伯來語字母解析,共七本書。

讀者拿在手上的這本《**奧秘之鑰 文字智慧: 22 希伯來字母解析** 》就是根據原先拍攝「希伯來字母奧秘」相關的影片腳本 (逐字稿) 做大幅度的擴充,另外本書也收錄筆者過去幾年來所寫的「希伯來文字根」相關文章,俾使本書的質量更加豐富。

現在回首,能完成這麼龐大的計畫完全是上帝的恩典,感謝鴿子眼及 Betaesh 的團隊在過去的協作和支持,特別是 Kevin 若沒有你的發起和全力支持,這個計畫是不會發生的、Peter & Jill 若沒有你們堅持到底的精神和堅毅的執行力,在當中居間協調並解決各樣大小問題與狀況,那這個計畫是不可能會完成的、最後感謝元萍的影片後製,若沒有妳精準和過人的細心,這麼大量的希伯來文字卡和希伯來文經文是不可能這麼整齊漂亮的出現在影片上。

也特別感謝愛生協會/以色列聯合呼籲組織台灣分會會長 Richard & Sandy 的邀請,讓鹽光能完整分享兩年的妥拉課程,每次預備分享課程的內容,以及思想咀嚼你們所提出的每個問題時,總能使鹽光更加深對於每段妥拉深入又多面向的思考。

另外,特別感念香港夏達華總幹事黃德光老師的指導,在撰寫腳本期間,您總是願意耐性地看完我內容冗長的文字,並給我方向和激發我做進一步的思考。筆者兩次赴港,去到夏達華聖經文物博物館參訪期間,也承蒙 Amelia,Alison,Henry 等老師的熱情接待與照顧,在此一併致謝。

在拍攝-寫作期間,也感謝不少人默默地給予支持和奉獻,在此特別謝謝 Eva 姐,以及 Steve 哥 & Connie 姐。

非常感謝 林子平女士 和 伯特利實業有限公司 為這套書設計了精美的封面，以及相關繁瑣的印製工作。

最後，感謝我的父、母親，沒有你們全然放手，全然支持我的「以色列信心之旅」那就不會有現在的我，也感謝我的岳父、岳母，寫作期間還特別買了一部筆電讓我能進入高效能地寫作狀態，也特別感謝岳母 洪博士，於百忙中還願意幫女婿校稿。還有我最摯愛的太太，若沒有妳對我的「不離不棄」和「完全的信任及全部的支持」，這樣如此龐大的拍攝-寫作計畫是不可能成就的，以及八個月大的寶貝女兒鍾馨，也見證了本書的寫作完成。

感謝上帝，感謝祢的恩典，感謝祢所賞賜的一切。

本書架構與說明

本書架構分成兩大部分，第一部分為「**希伯來文 22 字母奧義**」。

眾所周知，希伯來文共 22 個字母。從歷代猶太賢哲和學者們的研究中，發現到，每個字母都有其自己本身的「特性和基本意涵」，並根據此「特性和基本意涵」來「構造」每個希伯來單字，並從中探尋希伯來語背後的「造字」邏輯及精神。

對於每個字母的基本含意，猶太賢哲們通常會從下列幾個路徑來理解：
1. 字母的「名字」。
2. 字母的「形狀」。
3. 以該字母起首「第一次出現在聖經中」的單字。
4. 以該字母起首的「重要字詞」。
5. 該字母的「數值」。

透過上述這些路徑彼此的「互相補充」，也「互相詮釋」，使這個字母的「意義圈/意義域」更加完整、更形豐富。

因此，本書第一部分「**希伯來文 22 字母奧義**」，筆者即透過上述幾個路徑，來解析希伯來文 22 個字母，除了解釋每個字母的基本意涵之外，另外也會列舉許多 (與該字母相關的) 重要詞彙，以及希伯來聖經中 (與該字母意涵) 相關的重要經文。

本書第二部分為「**希伯來文 字根文集**」，這部分收錄了筆者過去幾年來，所寫關於「希伯來文字根」相關的文章。這些文章有些節錄自《奧秘之鑰 解鎖妥拉系列》的文字段落。

關於「**字根**」，希伯來語這門語言，最特別的地方就是其「連結性」非常強大的「**字根 (שֹׁרֶשׁ)**」系統。

字根，(大部分) 由「三個字母」組成，每一字根都有其基本「字義」。從「詞性」來說，由「一個字根」可以衍生出動詞、名詞、形容詞和副詞、從「意義」來講，「同一字根」可以派伸出相關意義的不同單字，舉例來說：

由 (**כתב**) 這三個字母，所組成的字根，其基本含意是：**書寫 write**，所以由這個字根 (**כתב**) 所構成的單字，就跟「**書寫**」有意義關聯性，下面舉幾個單字來

說明:

1. (**כָּתַב**): 寫 write，動詞。
2. (**הִתְכַּתֵּב**): 彼此互相寫訊息、通信 correspond ，動詞。
3. (**כְּתֹבֶת**): 地址 address，名詞。
4. (**מִכְתָּב**): 信件 letter，名詞。
5. (**כָּתוּב**): 被寫的、書卷 written，被動分詞、形容詞。
6. (**כְּתֻבָּה**): 婚約誓詞 marriage contract，名詞。

上列這些單字都有「同樣的字根 (**כתב**)」，只不過不同的字，多了一、兩個不同的字母、和被改變的母音。

從「造字」的觀點來看，用「字根」構字，確實蠻經濟也蠻聰明的，第一、學一個字根你同時可以學到其他「意義相關」的單字，一網打盡，當然這些字對剛開始學希伯來文的人來說「看起來很相似」，可能會造成初學者記憶字彙的困擾。

有些時候，一個字根所「繁殖」或「衍生」的其他單字，背後也有其自身的「字義」和「詮釋」，例如: 少女(**עַלְמָה**)、永恆/世界(**עוֹלָם**)、秘密/神秘(**תַּעֲלוּמָה**)共享「同一字根 (**עלם**)」。這幾個單字雖「表面上」看，意義互不相關，但從希伯來的「**字根**」來看，背後必定有其「**意義關聯性**」，這就需要進一步地去對這幾個字詞做「字義詮釋」的動作了。因為會用「同一字根」構字，背後肯定有它的道理和邏輯。

所以，綜上所述，這就是「同一字根」能夠賦予其他 (也享有同一字根的)「不同單字」，在彼此間的意涵有「相互詮釋」的「意義關連」之可能性。因為，這些字根，就像蜘蛛一樣，各自結了一張又一張的「意義之網」、意義的網絡。

由此，待初學者已累積一定數量的字彙之後，就可以開始去「歸納」出現在不同單字中的「同一字根」，並試著去找出當中的「意義關聯性」，這就是學習希伯來語的樂趣。因為學語言，不是學「字句」而已，而是要進入到語言背後的「精義」。

因此，本書第二部分為「**希伯來文字根文集**」，所收錄的關於「希伯來文字根」的文章，目的正是要向讀者演繹並展示出「希伯來語字根」構字的精妙之處。

參考資料

關於本書第一部分「**希伯來文 22 字母奧義**」，主要參考兩本希伯來文「字母學/字母奧秘 (**סוד האותיות**)」的權威著作，可以說，在本書中，筆者對於希伯來 22 個字母的所有觀點皆來自於這兩本書，很大程度上算是「編譯、重點整理出」這兩本書對於 22 個字母解析的精華和重點：

1. Rabbi Michae L. Munk. *The Wisdom in the Hebrew Letter* (עולם האותיות), Artscoll Mesorah Publications. 2008. [1]

2. Zamir Cohen, (הצופן : סודות היקום ושם האדם הטמונים באותיות העבריות) 《密碼:蘊含在希伯來字母中的名字和宇宙根基的奧秘》, (הדברות יהודית) hidabroot Yehudit Publications, 2007. [2]

其他關於字母學的參考資料，皆為希伯來語著作:

1. מתיהו גלזרסון, המסתורין שבלשון הקדש : מבאר כיצד משתקפים ערכי התורה הק' והמוסר שביהדות באותיות ובתיבות לשון הקודש על פי פשט, רמז, דרוש,סוד, הוצאת יריד הספרים,1997,

2. שלמה אהרן ורטהיימר,מדרש אותיות דרבי עקיבא השלם בשתי נוסחאות ע"פ כתבי-יד ישנים. מדרש אלפא ביתות , הוצאת יריד הספרים,1999.

3. עדה ירדני, הרפתקאות : תולדות האלפבית, ירושלים: דביר כרטא,1993.

(希-希) 聖經希伯來文字典:

1. מנחם צבי קדרי, מילון העברית המקראית - אוצר לשון המקרא מאלף עד תיו, הוצאת אוניברסיטת בר-אילן, 2007.

2. אברהם אבן-שושן, קונקורדנציה חדשה לתורה נביאים וכתובים, הוצאת קרית ספר בע"מ ירושלים, 1990.

(希-希) 現代希伯來語字典:

1. ליאורה וינבך ועדנה לאודן, רב-מילון: מילון דידקטי דו-לשוני : אנגלי-אנגלי-עברי, עברי-אנגלי, "עד" עמרי 18 תל אביב, 2006.

---

[1] 本書為英語著作，目前尚無中譯本。
[2] 本書為全希伯來語著作，目前尚無英譯本。

希伯來語字源學字典:

1. Matityahu Clark, *Etymological Dictionary of Biblical Hebrew: Based on the Commentaries of Samson Raphael Hirsch*, Feldheim Publishers; First Edition, 2000.

目錄

Ⅰ 希伯來文 22字母奧義

Alef א

一切的本源、神、光、能力、王權、獨一性、尊貴的人

作為希伯來語的第一個字母 Alef (א)，這個字母的基本含意和「意義圈」包括: **神性、獨一性、位階上的第一、王權、能力、一切的源頭、光、開顯**、具有「**神的形象**」的人。底下分成幾個路徑來解說:

一、Alef (א) 的「名字」及相近的讀音單字 [1]:

Alef (א) 這個字母的「名稱/名字」，如果用希伯來文的「字母和母音符號」寫出來的話就是 (אָלֶף) [2]，在這個名字的「讀音」裡面，看到有三個字母 (אלף)，這三個字母同時也是「一個字根」。

從讀音「相近」於 Alef (א) 的單字來看，我們看到了(אַלוּף) 讀音 Aluf，這個字在聖經希伯來文是「**族長**」之意 [3]，在現代希伯來文可做「**冠軍**」、或「**將軍**」解。

帶頭的人、領導者、有能力的人，才能在一個組織或團隊做「**訓練 或 教練**」，所以(מְאַלֵף) 這個字就是「**教練、訓練者**」的意思，當動詞為 (אַלֵף) [4]。

另外，從世界各地回歸到以色列的猶太人，在來到以色列之初，都必定會去的希伯來語 語言「**訓練-學習**」的 **教育** 機構 [5]，希伯來文叫做 Ulpan. (אוּלְפָּן)，這個 Ulpan 是要使這些剛回來的猶太人，很快地可以接受希伯來語的「**裝備**」，然後投入、融入到以色列的社會中，成為「**有用的人**」。

以上舉例的這幾個字，裡面都有「 (אלף) 這個字根」在當中。

---

[1] 猶太聖哲們從每個「字母的名字」，他們「相近讀音」的單字，以及組成這個字母的「字根」中，看到了「顯示出」關於這個字母「首要的基本涵義」。

[2] 行文中為了「凸顯」該字母在「字首」位置的重要性，筆者都會將該字母「放大」，譬如本篇介紹 Alef (א) 的段落中，所有單字字首的 Alef (א) 都會特別放大。後文所有其他希伯來文字母的介紹篇章中，皆按此體例。

[3] 見創世記 36:15 節。

[4] 本書中所列舉的動詞，均以「字典型/字幹型」的型態呈現，另為求凸顯「字根本身」，皆用「不完全拼法」。

[5] 約伯記 33:33『不要作聲，**我便將** 智慧 **教訓你** (וַאֲאַלֶּפְךָ חָכְמָה)。』

二、無限、上帝、神性:

Alef (א) 這個字母的「外形」，狀似一個人將雙手、雙腳「張開」向一個「大」字樣、四肢做「無限伸展」，延伸至四方，代表一種「**無限**」的概念.、「**超越**」的力量。

所以，以 Alef (א) 這個字母起首的希伯來單字，第一次出現在整本聖經中的，就是「**神(אֱלֹהִים)**」這個字，創世記 1:1:

『起初 **神** 創造天地。』

בְּרֵאשִׁית בָּרָא **אֱלֹהִים** אֵת הַשָּׁמַיִם וְאֵת הָאָרֶץ

另外，在出埃及記 3:14 節，耶和華用了三個 Alef (א) 來宣稱祂自己的名:

『我是我所是。』

אֶהְיֶה אֲשֶׁר אֶהְיֶה

其他關於「神」或「**神的屬性**」的希伯來文單字，也都以 Alef (א) 字母起首的如下:

1. 主 (**אָדוֹן**) 、我的主 (**אֲדֹנָי**)。
2. 神 單數型態 (**אֵל**)。
3. 神是 大有能力的 (**אַדִּיר**)。[6]
4. 神是 光 (**אוֹר**)。[7]
5. 神是 愛 (**אַהֲבָה**)。
6. 神是 真理 (**אֱמֶת**)。
7. 神是 烈火 (**אֵשׁ**)。
8. 猶大支派的 **獅子 (אַרְיֵה)**，獅子為「**萬獸之王**」。彌賽亞國度的「王權」，來自猶大支派，象徵此支派的動物，就是 獅子。

三、人有「神的形象和樣式:Alef (א)」:

如果說 Alef (א) 這個字母代表「神、神的屬性、神的形象和樣式」，那麼 **人有神的形象和樣式** 的這項事實，也具體地反映在希伯來文的字詞當中，因為許多關於 人 的字彙，都是以 Alef (א) 這個字母起首，譬如:

---

[6] 詩篇 93:4『耶和華在高處 **大有威力 (אַדִּיר)**，勝過諸水的響聲，洋海的大浪。』

[7] 希伯來文 **hifil** 字幹動詞的「**照亮、照明 (הֵאִיר)**」裡面就有光的「字根 (אוֹר)」。另一個相近「字根(אִיר)」當動詞 (אִיר) 意思就是「闡明」。以上這兩個動詞背後的涵義，都有使本來隱藏、隱晦的事物「被看見、被開顯出來」的意思。

1. 亞當 (אָדָם):

他是神造的 第一個人，而人是最高級的物種、為「萬物之靈」。(אָדָם) 這個字在現代希伯來文也是「人」的意思。

2. 以挪士 (אֱנוֹשׁ):

這個名字第一次出現在聖經，是在創世記 4:26『塞特也生了一個兒子，起名叫 以挪士(אֱנוֹשׁ)。那時候，人才求告耶和華的名。』以挪士(אֱנוֹשׁ) 這個字的意思其實就是「人、人類」，例如詩篇 8:4：

『人 (אֱנוֹשׁ) 算甚麼，你竟顧念他？
世人 (וּבֶן-אָדָם) 算甚麼，你竟眷顧他？』

3. 關於人的「起源」，猶太人說三個 Alef (א) 才能「創造、形成」一個 人：
上帝 (אֵל)、
父親 (אָב)、
母親 (אֵם)。

4. 在整本聖經中，第一個被耶和華神呼召出來，要進行「修復世界」，帶領世人回到敬畏真神的「第一人」，新約的希伯來書稱他為「信心之父」的這一位：
亞伯拉罕 (אַבְרָהָם)

5. 一個家庭的「頭」或「帶領」的 教育者:
男人-丈夫 (אִישׁ)：為一家之主，是妻子的頭，
女人-妻子 (אִשָּׁה): 肩負「生兒養女」的天職。

其他的稱謂:
兄弟 (אָח)、
姊妹 (אָחוֹת)。

四、首先被創造的事物: 字母 (אוֹת):
猶太先賢及聖哲們在閱讀創世記 1:1 的時候，看出了一個端倪：

『起初 神 創造 (אֵת) 天地。』
בְּרֵאשִׁית בָּרָא אֱלֹהִים אֵת הַשָּׁמַיִם וְאֵת הָאָרֶץ

在前文 創 1:1 這節經文中，出現在「創造 (בָּרָא)」這個動詞後面的第一個受詞，
不是「天 (הַשָּׁמַיִם)」和「地 (הָאָרֶץ)」，而是這個由：
第一個 希伯來文字母 Alef (א)，和
最後一個 希伯來字母 Tav (ת) 組合而成的一個單字，
叫做 (אֵת)。

文法上來說，這個 (אֵת) 是一個受詞記號，但猶太先賢及聖哲們從這個 (אֵת) 理
解到，耶和華神「首先創造」的事物，乃是這個由 **第一個** 希伯來文字母 Alef (א)
一直到 **最後一個** 希伯來字母 Tav (ת) 所組成的一套「字母-語言」系統。因為
在創世記第一章中，耶和華神正是藉著「**說 (אָמַר)**」來創造「萬物」，而神說的
是「什麼字母和什麼語言」，經文本身已經提供內證。

所以希伯來文的 **字母 (אוֹת)** 一詞的「字母組成(א.ו.ת)」，正好就是 **Alef and Tav.**，
而中間的 **Vav (ו)** 這個字母，在希伯來文的文法中，恰好就是「**連接詞**」的意思。
所以 **字母 (אוֹת)** 的含意就是「**一套**」字母系統，從「第一個」字母 Alef (א) 一
直到「最後一個」字母 Tav (ת)。

五、獨一、一 (אֶחָד):

希伯來的數字「一」叫做 (אֶחָד)，而「一」也是 Alef (א) 這個字母的數值[8]。來
看申命記 6:4：

『聽啊 以色列，
耶和華是我們的神，耶和華是「**獨一**」(אֶחָד)。』[9]

前文已述，如果把 Alef (א) 這個字母的「名字」用希伯來文字母「拼出來」，會
看到 (אלף) 這三個字母，再將這三個字母數值加起來：

Alef　　(א)　　數值 **1**
Lamed (ל)　　數值 **30**
Peh　　 (פ)　　數值 **80**

(א) 1 + (ל) 30 + (פ) 80 = **111**

---

[8] 每一個希伯來字母都有一個固定的「字母數值(גימטריה)」，用「字母數值」來闡明、解析字
母的路徑，只是眾多解析方式的「其中一種」，猶太先賢們絕不會「單靠」字母數值來詮解每
個字母的意涵，最重要的還是要回到「語言-字母」本身，也就是「這個字母」出現在許多「不
同的字詞」當中，所彼此形構出來的一個更廣大的「意義圈 (意義域)」，並由此探究出這個字
母的普遍性意涵。

[9] 同參《奧秘之鑰-解鎖妥拉:申命記》No.2 妥拉<我懇求>篇之第五段文字信息「聽阿，以色列」。

而另外也是由(אלף) 這三個字母 (這個字根) 組成的單字叫做:
一千 (אֶלֶף)。

最後，將「Alef (אלף) 這個字母加總的數值 111」 加上「一千 (אֶלֶף)」，
就會等於 1111 。由此顯示出 Alef (א) 這個字母強烈的「**獨一**」(**Oneness**) 性格。

Bet ב

創造、增生、雙倍、祝福、家、建造

希伯來語的第二個字母 Bet (ב)，這個字母的基本含意和「意義圈」包括: **創造、增生、由一變成多、雙倍、祝福、家、內在性、建造** 。底下分成幾個路徑來解說：

一、Bet (ב) 的「名字」及相近的讀音單字:

Bet (ב) 這個字母的「名稱/名字」，如果用希伯來文的「字母和母音符號」寫出來的話就是 (**בֵּית**)，在這個名字的「讀音」裡面，看到有三個字母(**בֵּית**)，這三個字母同時也是「一個字根」，當名詞 (**בֵּית**) 讀音 Bayit，意思就是「**家、房子**」。

二、整本聖經的第一個字母: 被放大的 Bet (ב):

創世記 1:1：

『**在起初** 神創造天地。』
בְּרֵאשִׁית בָּרָא אֱלֹהִים אֵת הַשָּׁמַיִם וְאֵת הָאָרֶץ

摩西五經 (妥拉) 的第一個字:「**在起初 (בְּרֵאשִׁית)**」的第一個字母就是 Bet (ב)，但比較特別的是，這個Bet (ב) 在所有的希伯來聖經抄本裡，都被抄寫得特別大，變得異常醒目，那是因為要強調，世界的來歷、太初的本源，正是「**在起初**」，耶和華神的「**由一造多**」-「**從無生有**」的「**創造**」的偉大工作。而這個工作，正好就是由 Bet (ב) 這個字母所象徵和代表的。

三、創造 (בָּרָא):

再看一次 創世記 1:1 的經文，但這次的重點放在動詞「**創造**」(**בָּרָא**)：

『**在起初 神 創造 天地。**』
בְּרֵאשִׁית **בָּרָא** אֱלֹהִים אֵת הַשָּׁמַיִם וְאֵת הָאָרֶץ

所以，以 Bet (ב) 這個字母起首的希伯來單字，第一次出現在整本聖經中的，就是「**創造**」(בָּרָא) 這個字、這個動詞。這個 **創造**，乃是由一位「獨一、全能」的神，「創造」出一個具有「**豐富多樣**」物種的世界。這也就是 Bet (ב) 這個字母的基本意涵，就是『由一，變多』的邏輯和道理，**萬有都本於一**。[1]

四、「家」的 建造 (בָּנָה):

家 (בַּיִת): 由上帝、男人、女人，共同組成「建造 (בָּנָה) [2]」的一個家，在這個家裏面會「**繁衍、增生**」新的家庭成員。

兒子(בֵּן):
兒子，長大後會成為男人，一家之主，負責「建造-家」。但兒子在家庭裡男性的位階上是第二位，相對於 父親 (אָב) 一詞起首的字母 Alef (א)。所以 兒子(בֵּן) 一詞，由第二個字母 Bet (ב) 起首。

女兒 (בַּת):
女兒，將來會成為一位懷胎「**生產、創造**」生命的女人。同樣，在位階上為第二位，相對於 母親 (אֵם) 一詞起首的字母 Alef (א)，女兒 (בַּת) 一詞，由第二個字母 Bet (ב) 起首。

五、建造 和 理解 (בין):

建造 (בָּנָה):
需要用「各種不同」的建材，才能「建造出」一個家、一個「建築 (בִּנְיָן)」。

理解 (בין) [3]:
理解，這個腦部的思維活動，就是要從「雜亂的資訊」中，「**理出、構造出**」一個「清楚、完整、前後融貫」的觀點。

因此 Bet (ב) 這個字母所代表的「**豐富多樣性**」絕對不是「多元混亂」，因為在這個「豐富多樣」的體系和結構當中，是有「**一個整體的次序**」和「**上帝所制定的自然律**」在背後維繫和維持的。

---

[1] 哥林多前書 8:6『然而我們只有一位神，就是父 (耶和華神)，**萬物都本於祂**，我們也歸於祂。並有一位主，就是耶穌基督，萬物都是藉著他有的，我們也是藉著他有的。』

[2] 提到「建造(בָּנָה)」，讓我們想到創世記 11 章「巴別塔 (בָּבֶל)」的建造，這個因著人的驕傲而來的建造，最後被神「變亂(בָּלַל)」，見創世記 11:8-9。

[3] 「**理解**」這個動詞的字根(בין)，動詞字典型為 (הֵבִין) 是一個 hifil 字幹的動詞。

六、福分(בְּרָכָה)、祝福 (בֵּרֵךְ)、被祝福-蒙福的 (בָּרוּךְ): [4]

名詞: 祝福、福分 (בְּרָכָה)、

動詞: 祝福 (בֵּרֵךְ)

形容詞/被動分詞: 被祝福-蒙福的 (בָּרוּךְ)

「創造 (בָּרָא)」本身就是「倍增」的「祝福、賜福」。耶和華神在創造世界、造完人之後，就「祝福」亞當說: 你要生養「眾多」、遍滿地面。正所謂『多子多孫就是福。』創世記 1:28:

『上帝就 賜福 給他們，又對他們說:
「要生養眾多，遍滿地面。」』

וַיְבָרֶךְ אֹתָם אֱלֹהִים וַיֹּאמֶר לָהֶם אֱלֹהִים
פְּרוּ וּרְבוּ וּמִלְאוּ אֶת-הָאָרֶץ

另外，耶和華神也透過 亞伯拉罕，及他的後裔: 以色列 來「祝福」列國，所以創世記 12:2-3 提到:

『我必使你成為大國。
我必 賜福 給你 (וַאֲבָרֶכְךָ)，使你的名為大;
你要成為 祝福 (בְּרָכָה)。
那些 為你祝福的人(מְבָרְכֶיךָ)，我必賜福 (וַאֲבָרֲכָה);
地上的萬族都要 藉著你得福 (וְנִבְרְכוּ בְךָ)。』

在上面這段經文中，「祝福 (ברך)」的字根出現在五個字詞當中。

論到以色列，民數記 22:12 記載:

『上帝 (耶和華神) 對巴蘭說:
「你不可同他們去，也不可咒詛那民，
因為 那民 (以色列) 是蒙福的。」』

וַיֹּאמֶר אֱלֹהִים אֶל-בִּלְעָם
לֹא תֵלֵךְ עִמָּהֶם לֹא תָאֹר אֶת-הָעָם
כִּי בָרוּךְ הוּא

---

[4] 福分(בְּרָכָה)、祝福(בֵּרֵךְ)、被祝福-蒙福的(בָּרוּךְ) 這三個字有「同一個字根(ברך)」。

被祝福-蒙福的 (בָּרוּךְ) 這個字還可以被翻譯成「**被稱頌-被頌讚的**」，譬如在詩篇 89:52：

『耶和華是 **應當稱頌的** (בָּרוּךְ)，直到永遠。
阿們！阿們！』

七、泉源、水池 (בְּרֵכָה):

水泉，是「**滋養-繁衍**」生命重要的來源。

有謂「福杯滿溢，祝福湧流」，

祝福 (בְּרָכָה)

湧泉 (בְּרֵכָה)

有意思的是，這兩個希伯來字「字母組成」完全一樣。

八、長子 (בְּכֹר) 的「雙倍、雙份」產業:

「長子 (בְּכֹר)」的「祝福 (בְּרָכָה)」[5]，就是從家族中，取得「**雙份**」的產業。

如果把「長子(בכר)」 的字母數值加總起來，那麼會得到一個有趣的數值:

Bet (ב)　　　數值 **2**

Kaf (כ)　　　數值 **20**

Resh (ר)　　 數值 **200**

(ב) 2+ (כ) 20+ (ר) 200 = **222**

從希伯來文「**長子(בְּכֹר)**」一字中，強烈的刻印出他能取得「**雙倍、雙份**」產業的祝福，無怪乎，在創世記我們常看到家庭中，兄弟間為求「長子名分」而不惜撕破臉的經文敘事。

九、「在」裡面、以 (材料、物質) 建造成-做成 (בְּ):

最後，Bet (ב) 這個字母，在文法的功能中，被當作一個介係詞來使用，主要有兩個意思，第一、就是「**在**」的意思，「在」某個建築物、某個空間的「**裡面**」。「在…裡面 (בְּתוֹךְ)」。第二，是 以 (東西、工具) 來建造-來實作 (בְּ)。

---

[5] 有意思的是，在「長子(בְּכֹר)」和「祝福(בְּרָכָה)」這兩個希伯來字當中，都有三個一樣的希伯來字母(ב.כ.ר)

Gimel ‎ג

駱駝、走路遷徙、長大、戒斷、高大、偉大、顯明、救贖

希伯來語的第三個字母 Gimel (‎ג)，這個字母的基本含意和「意義圈」包括: **駱駝、長途跋涉-遷徙、長大、戒斷、高大、偉大、男子氣概、力量、英雄、顯明、救贖**。底下分成幾個路徑來解說:

一、 Gimel (‎ג) 的「名字」及相近的讀音單字:

Gimel (‎ג) 這個字母的「名稱/名字」，如果用希伯來文的「字母和母音符號」寫出來的話就是 (**גִּימֶל**)，在這個名字的「讀音」裡面，看到有三個字母 (**גמל**)，這三個字母同時也是「一個字根」，當名詞 (**גָּמָל**) 讀音 Gamal，意思就是「**駱駝**」。

二、長途跋涉、不斷遷徙:

1. **駱駝** (**גָּמָל**) 是沙漠之舟，自古以來就是作為中東一帶沙漠世界中「**長途運輸**」的交通工具。

2. 寄居者 (**גֵּר**):
若從 Gimel (‎ג) 這個字母的形狀來看，也好似一個在「**走路**」的人，一個不斷「**走路遷徙**」的「**寄居者(גֵּר)**」。以色列先祖的第一人: **亞伯拉罕** 就標誌出 希伯來人會不斷「**四處遷徙、長途跋涉**」的民族命運，創世記 23:4，亞伯拉罕說:

『我在你們中間
是 寄居者(**גֵּר**)，是外人。』

3. 大離散、四處流亡 (**גלה**):
(**גלה**) 這個字根，
當名詞為 (**גָּלוּת**)，意思就是離散、流亡，被趕出以色列地。
當動詞為 (**גָּלָה**)，意思同上，被驅逐趕散、到各地遷徙。
以上，就是猶太人過去兩千多年所經歷的民族經驗和命運。

三、戒斷 (**גמל**)、 長大 (**גדל**):

駱駝因為可以只喝了一些水，就能「長途跋涉」，不會「一直依賴」水的補充，也就是說「**戒斷**」對於水的需要。

1. 戒斷 (**גָּמַל**)、斷奶 (**נִגְמַל**):

承前文，所以「**駱駝 (גָּמָל)**」一字的字根 (**גמל**) 就變成「**戒斷、斷奶**」的動詞。

戒斷 (גָּמַל) 某個成癮的習慣，是用這個 paal 字幹的動詞。

斷奶 (נִגְמַל) 指小孩「長大」到一定的年紀「**斷奶**」用的是這個 nifal 字幹的動詞。

2. 小孩「長大 (**גָּדַל**)」、父母親「撫養長大 (**גִּדֵּל**)」:

當我們一出生，呱呱墜地的那一刻，就展開了一趟必須「不斷走路、往前邁進」的人生旅途。

所以，爸媽把小孩「**撫養到大**」(**גִּדֵּל**)、

小孩子「**長大 (גָּדַל)**」要離開家、

可以 **斷奶 (נִגְמַל) 戒斷** 對於父母的依靠，獨自前往屬於自己的人生道路走去。

創世記 21:8 提到以撒「長大」「斷奶」的那日，亞伯拉罕歡喜快樂地要擺桌慶祝:

『孩子 漸長/長大 (**וַיִּגְדַּל**)，就 **斷了奶 (וַיִּגָּמַל**)。
以撒 **斷奶 (הִגָּמֵל**) 的那日，
亞伯拉罕擺設大筵席。 』

四、物體的體積、面積「**大的**」(**גָּדוֹל**)

以 Gimel (**ג**) 這個字母起首的希伯來單字，第一次出現在整本聖經中的，就是「**大的**」(**גָּדוֹל**) 這個字，創世記 1:16:

『於是上帝造了兩個 **大的 (הַגְּדֹלִים**) 光體，
大的 (**הַגָּדֹל**) 光體管晝，
小的光體管夜，』

五、身形、氣勢、態度上是「**大的、高的、有力量的**」:

下列舉例幾個都是以 Gimel (**ג**) 這個字母起首的希伯來單字，字義上都跟身形、氣勢、態度上是「**大的、高的、有力量的**」，也就是: 高聳直挺、氣宇軒昂。

1. 字根(גבר):

(גבר) 這個字根基本的涵義就是: **能力、力量、男子氣概**，底下所列舉的幾個單字都有「字根(גבר)」在當中，例如:

a. 男人 (גֶּבֶר): 男子漢、**manpower**.。

b. 英雄 (גִּבּוֹר): 能力強大到 足以影響、改變局勢的人，稱之為 **英雄**。

c. 勝過 (גָּבַר): 能力強大 足以「**勝過**」的 勝過 這個動詞。

d. 大能 (גְּבוּרָה): 這個字在詩篇中特別指的耶和華神的「**大能大力**」。[1]

e. 加百列 (גַּבְרִיאֵל): 天使 加百列。[2]

加百列 一詞由兩個字: 神(אֵל) -力量(גבר) 組合而成，

意思就是「**神是 我的力量、 神是 有能力者。**」

2. 身形「高-大的」相關字詞:

偉大的 (גָּדוֹל)。

(身材) 高的 (גָּבֹהַ)。

房子「最高處」: **屋頂 (גַּג)**，這個字由 兩個 (ג) 組合而成。

3. 態度、悟性、智力上「大的、高的、有力量的」:

自豪、驕傲的 (גֵּאֶה)。

天才 (גָּאוֹן): 這個字在聖經希伯來文裡面也有「**驕傲、高傲**」的負面涵義。

六、「海浪-石堆 (גַּל)」:

(גַּל) 這個字同時有「**海浪**」和「**石堆**」的意思，這很好理解，

1. 海浪 (גַּל): 就是 從底部 捲「**高起來**」的水波，稱為海浪。

2. 石堆 (גַּל): 就是 用石頭 堆「**高起來**」的紀念碑。例如 創世記 31:48:

『拉班說:

「今日這 **石堆 (הַגַּל)** 讀音 **Gal** [3]

作你我中間的 **證據 (עֵד)** 讀音 **Ed**。」

因此這地方名叫 **迦-累得(גַּלְעֵד)** 讀音 **Gal - Ed** [4]』

---

[1] 見詩篇 89:13、106:2,8、145:4,11,12、150:2。

[2] 當天使 加百列 以其「巨大能力」的身形，出現在 但以理、和施洗約翰的父親: 撒迦利亞 的面前時，起先都讓這兩人感到 驚慌畏懼，見但以理書 8:15-17、路加福音 1:8-38。

[3] 原文前面有定冠詞，讀音 **ha**，但為了還原到 石堆 (גַּל) 讀音 **Gal** 一字的原型，所以讀音前面的 **ha** 去掉，剩下 **Gal**。

[4] 所以「迦-累得」這個中文音譯的名詞，在希伯來文 (גַּלְעֵד) 意思就是「**做為證據的石堆**」。

3. 輪子 (גַּלְגַּל):

這個字由兩個 (גַל) 組合而成，好似在描述一波海浪「捲高起來，又向下潰散」，又「捲高起來，再向下潰散」的循環。這就是 輪子 (גַּלְגַּל)：一連串「低-高、高-低、低-高、高-低 ……」的循環過程。

七、 顯明 (גָּלָה)、啟示 (הַתְגַּלָה, הַתְגַּלּוּת)[5]、 救贖(גָּאַל):

1. **顯明、啟示**: 就是將 隱藏 (在底下) 的事物讓它「升高起來」曝光、被看見。

2. **救贖** (גָּאַל, גְּאֻלָה): 就是目前仍被隱藏，直到最終、「最高潮」的末世才會被顯明出來的 (彌賽亞) 終極救贖。

---

[5] (גלה) 這個字根 很特別，在前文，出現在 **paal** 字幹動詞 (גָּלָה) 的時候意思為「**遷徙流亡**」，這裡是出現在 **piel** 字幹動詞 (גִּלָה) 和 **hitpael** 字幹動詞 (הַתְגַּלָה) 當中，意思為「**顯明-啟示**」，這似乎透露，在這兩字當中，有某種程度上的「**意義關聯性**」：透過以色列在歷史上兩千多年的「**遷徙流亡**」來「**顯明-啟示**」出些什麼 (耶和華神的計畫、神預言的應驗、神的律法……)。

Dalet ד

門、道路、汲水、升高-降低、發展的「兩極性」

希伯來語的第四個字母 Dalet (ד)，這個字母的基本含意和「意義圈」包括: 門、道路、汲水、升高-降低、貧窮、發展的「兩極性」: 好或壞、高或低。底下分成幾個路徑來解說:

一、 Dalet (ד) 的「名字」及相近的讀音單字:

Dalet (ד) 這個字母的「名稱/名字」，如果用希伯來文的「字母和母音符號」寫出來的話就是 (דֶּלֶת)，在這個名字的「讀音」裡面，看到有三個字母 (דלת)，這三個字母同時也是「一個字根」，當名詞 (דֶּלֶת) 讀音 Delet，意思就是「門」。

這個「門」打開以後，會帶你走上和先前不一樣的「道路」(דֶּרֶךְ)，如果你走的正確，那是一條「向上提升」的路，若你走的不對，那可能會是一條「向下沉淪」的路，端看你選擇開啟哪一扇「門」。以此理解 門 (דֶּלֶת) 這個字，正好就解釋了 Dalet (ד) 這個字母的基本特性，就是它有一種「兩極」的可能性、發展性。

二、汲水-打水「升高、下降」的往返動作:

1. 汲水、打水 (דָּלָה):
Dalet (ד) 這個字母以現代觀點來看，狀似蓋高樓大廈的「起重 (升降) 機」，在古代，這個「起重-升降」的動作就是「汲水、打水」。而這個「會升高，會下降」的狀態，正標誌出了蘊含在 Dalet (ד) 這個字母當中的一個基本涵義。

2. 水瓶 (דְּלִי):
所以，汲水、打水用的「水瓶」這個名詞，當然就和上面「打水」這個動詞有同一個字根:
打水 (דָּלָה)、
水瓶 (דְּלִי)。

3. 卑微-貧窮 (דַלּוּת)、貧窮的-貧窮者(דַל):
當一個人淪落、下降在「貧窮 (דַלּוּת)」的狀態中，那它的模樣也就很像 Dalet (ד) 這個字母的形象，是一個「彎腰駝背、垂頭喪氣」，來敲「門」乞討的人。來看詩篇 116:6:

『耶和華保護愚人；

我 落到卑微 (דַּלּוֹתִי) 的地步，他救了我。』

4. 提拔、拉升 (דָּלָה):

前文提到 「汲水、打水 (דָּלָה)」 的動詞，而這裡是「提拔、拉升 (דָּלָה)」的

動詞，這兩個動詞有「同一個字根 (דלה)」：

(דָּלָה) 是 **paal** 字幹動詞：汲水打水、

(דָּלָה) 是 **piel** 字幹動詞：拉拔-提升。

來看詩篇 30:1：

『耶和華啊，我要尊崇你，

因為 「你曾 提拔 (דִלִּיתָנִי) 我」，不叫仇敵向我誇耀。』

三、草、青草 (דֶּשֶׁא):

以 Dalet (ד) 這個字母起首的希伯來單字，第一次出現在整本聖經中的，就是「草、

青草 (דֶּשֶׁא)」 這個字，創世記 1:11：

上帝說：「地要發生 青草(דֶּשֶׁא) 和結種子的菜蔬」

青草，有澆水灌溉可以「長的很快」；但只要一沒有水，很快「枯萎凋謝」。青草

(דֶּשֶׁא) 這個字背後也蘊含著這樣的涵義:「一下發旺-一下衰敗」、「上下-高低」、

「升起、又降落」的存在狀態的可能性。詩篇 92:8：

『惡人 茂盛 如草，

一切作孽之人「發旺」的時候，

正是他們要「滅亡」，直到永遠。』

四、 道路 (דֶּרֶךְ):

前文已述，Dalet (ד) 這個字母 代表一種「向上升起」或「向下沉淪」的可能性，

所以「道路 (דֶּרֶךְ)」這個字以(ד) 這個字母起首就非常合理了，因為談到「道路」，

那就意味著「道路的選擇」，意即「在此-或彼」。

這就像一個小孩，他「長大」[1] 成人後，就要出 門 (דֶּלֶת)，離家在外，經歷各

種 「是非對錯」 判斷抉擇之「可能性」，他要在每一個人生的十字「路」口，

---

[1]「長大」就是由 Gimel (ג) 這個字母所代表的。

做出選擇。而每一個抉擇，都會決定他將來的「走向」，邁向「成功或失敗」、是「升起或下降」、是「好或壞」……等等。

五、大衛 (דּוִד):

聖經裡，一位經歷過「大好-大壞」的指標性人物，就是 **大衛**，他的名字起首以 Dalet (ד) 開始，也以 Dalet (ד) 這個字母 結尾，然後中間是一個連接詞 Vav (ו)，這個人就是 **大衛 (דּוִד)**。

人生境遇千百種，高低起伏、峰迴路轉。但有時經歷人生低谷，是為了將來的成熟、成功，正所謂『失敗為成功之母，失敗是化裝的祝福。』

因此 **Zamir Cohen** 在他的《密碼:蘊含在希伯來字母中的名字和宇宙根基的奧秘》一書中，在介紹 Dalet (ד) 這個字母的篇章裡提到一句話，就是：
(דלות מול דלייה)，意思為『**貧窮-失敗**，就在 **升起-成功** 的對面。』[2]

一個人的成功，背後可能經歷過多少次的失敗。一個沒有走出「**家門 (דֶּלֶת)**」，沒有真正踏上人生「**道路 (דֶּרֶךְ)**」的人，其實不明瞭「成功-失敗」的真正意涵。他從未體會「**升起 (דלה)**」的成就感，也未嘗過下降淪為「**卑微貧窮 (דל)**」者的滋味。簡單說，這就是一個沒有經過人生「歷練」的人。

六、其他關於或蘊含「兩極」發展可能性的希伯來字詞:

1. 話語 (דָּבָר)、 惡信-負面言語 (דִּבָּה):
人可以說出「正面積極」的 **話語**，給他人帶出「造就、鼓勵」的正能量；
人也可以出「負面消極」的 **話語**，給他人帶出「洩氣、挫折」的負能量。

在民數記 14 章的十個探子，就是說出負面的 **話語**，最後導致以色列民「信心潰散」，全營喧嚷哭號 [3]，民數記 14:36-37：

『摩西所打發、窺探那地的人回來，報那地的 **惡信(דִּבָּה)**，叫全會眾向摩西 發怨言，「這些報這地(迦南地) **惡信** 的人(מוֹצִאֵי דִבַּת-הָאָרֶץ)」都遭瘟疫，死在耶和華面前。』

---

[2] 見 Zamir Cohen，《密碼:蘊含在希伯來字母中的名字和宇宙根基的奧秘》，頁 96。
[3] 民數記 14:1。

2. 世代 (דּוֹר):

可以有 「敬畏神、敬虔」的 世代；

也會有「不認識神、敗壞」的 世代。

世代 在改變是很快的，從 好的世代 變成 壞的世代，在聖經當中的例子有很多，士師記 2:7-10：

『約書亞在世和約書亞死後，那些見耶和華為以色列人所行大事的長老還在的時候，百姓都事奉耶和華。耶和華的僕人、嫩的兒子約書亞，正一百一十歲就死了。那世代 (הַדּוֹר) 的人也都歸了自己的列祖。後來有 別的 世代(דּוֹר) 興起，不知道耶和華，也不知道耶和華為以色列人所行的事。』

接下來，士師記 2:11-13 的經文立刻就提到：

『以色列人 行耶和華眼中看為惡 的事，去事奉諸巴力，

離棄了 領他們 出埃及地 的 耶和華－他們 列祖的上帝，

去叩拜別神，就是四圍列國的神，惹耶和華發怒；

並離棄 耶和華，去事奉巴力和亞斯她錄。』

3. 血 (דָּם)

血液 當中有許多數值會「高低-上下」波動，例如: 血壓、血脂肪、血糖、血氧。

4. 字根 (דמה):

形象-個性 (דְּמוּת)、 相像-相似(דָּמָה):

每個人都可以他自身的言行舉止，建立出「好的」形象，或是「壞的」形象，可以「學像」某個人，讓自己「變好」，或「變壞」。

5. 審判 (דִּין):

末世的 審判，將會臨到所有人，好人、壞人，敬畏神的人、離棄神的人，都要來到上帝的 審判(דִּין) 前。

6. 宗教-律例 (דָּת):

一個人的宗教信仰，可以讓他修身養性，這些信仰的律例讓他靈命「被提升」，與神的關係更美好；抑或是，這些信仰的律例在這個人的身上變成「律法主義」，被這個人拿來當成教條去「批判」別人，結果使這個信仰者不僅與人的關係不佳，連他自己與神的關係也是徒勞枉費。

He ה

神性、神的創造、生成、具體存在、女性化、獨特限定

希伯來語的第五個字母 He (ה)，這個字母的基本含意和「意義圈」包括: **神性的創造-生成**: 由潛在的材料、能力「**生成出**」具體的物質界、**女性化、孕育、獨特限定**。底下分成幾個路徑來解說:

一、 He (ה) 的「名字」:

He (ה) 這個字母的「子音發音」，只需輕輕地，由嘴裡送出一口氣: **h**，相當於漢字白話文「**喝**」的讀音，即完成發音，絲毫不需用到任何力氣，是希伯來文 22 字母裡面「**最輕聲、最溫柔**」的字母。

二、神 說話即創造 此世:

He (ה) 這個字母也代表: 神輕鬆地、僅僅只需透過嘴巴「**說出**」語詞的方式，就能 **創造**「**此世**」這個物質世界。詩篇 33:6:

> 『諸天 藉 「**耶和華的 話語**」 而造，
> 　萬象 藉 「**袖 口中的氣**」 而成。』

幾乎在所有的抄本中，歷代的抄經猶太文士們，都會把創世記 2:4 這節經文中，「**被創造**」(בְּהִבָּרְאָם) 的這個不定詞，裡面寫了一個「**縮小的 He (ה)**」:

> 『這是天和地 他們「**被創造** (בְּהִבָּרְאָם)」
> 　就是 **耶和華神 造天和地** 時 的來歷。』

這個「**縮小的 He (ה)**」就是想特別表明: 耶和華神，**只需輕聲地說話**，**就能創造出** 一個天地宇宙萬物。剛好這個 **nifal** 字幹「**被創造** (בְּהִבָּרְאָם)」的不定詞，前面正好是(בְּ)，這個介係詞前文提過，就是: 「**以 (東西、工具) 來建造**」的意思。

19

此外 He (ה) 這個字母，也是 耶和華神名字的「縮寫」。因為 耶和華 (יהוה) 神的名，這個聖名的「構成字根」就是以 He (ה) 這個字母起首的 (היה)。[1]

三、 Be 動詞、是、存在、成為 (היה)：

以 He (ה) 這個字母起首的希伯來單字，第一次出現在整本聖經中的，就是「是」這個 **Be 動詞**，字根 (היה)，創世記 1:2：

『地「是 (הָיְתָה)」空虛渾沌。』

四、亞伯拉罕 (אַבְרָהָם) 與 撒拉 (שָׂרָה)：

前面提過，He (ה) 這個字母代表「生成」，而且特別指的是「來自於神」所做出的「創造-生成」，所以當亞伯拉罕願意回應神的呼召，順服神的帶領，耶和華神也和亞伯拉罕「立約」之後，就相繼地把 亞伯蘭、撒萊 兩人的名字改掉，分別放了 He (ה) 這個字母 在他們的名字當中：

亞伯蘭　　 (אַבְרָם) 變成
亞伯拉罕 (אַבְרָהָם)

撒萊 (שָׂרַי) 變成
撒拉 (שָׂרָה)

透過 He (ה) 這個字母「嵌入」到他們的名字中，就使得他們兩人成為：
『多國的父、多國的母。』[2]
因為，耶和華神要透過 亞伯拉罕、撒拉 來「生養、生成、孕育」萬民 (屬神的兒女)。

五、 女人「懷孕」(הרה)：

從前文一路理解下來，He (ה) 這個字母具有「創造、生成、孕育」等相關的涵義，那女人「懷孕」這個動詞 裡面有 He (ה) 作為當中的字根 就非常合理了，而且還是一前一後的 兩個 He (ה)。

---

[1] 另參《奧秘之鑰-解鎖妥拉:出埃及記》No.1 妥拉<名字>篇之第六段文字信息「耶和華的名: 亞伯拉罕-以撒-雅各的神」，頁 13-16。

[2] 創世記 17:5『從此以後，你的名不再叫 亞伯蘭，要叫 亞伯拉罕，因為我已立你作 多國的父。』、創世記 17:15-16『上帝又對亞伯拉罕說:「你的妻子撒萊不可再叫 撒萊，她的名要叫 撒拉。我必賜福給她，也要使你從她得一個兒子。我要賜福給她，她也要作 多國之(母)；必有百姓的君王從她而出。」』

六、 山 (הַר):

作為「**孕育**」大地、森林、各樣動植物的 大型自然場域，就是 山 (הַר)。

七、 「陰性」的字尾特徵 He (ה):

因為 He (ה) 這個字母的「輕聲、溫柔」，以及所具有的「女性孕育」的涵義在當中，所以這個字母，在希伯來文的文法上，就被當作「**陰性**」單數 詞尾的特徵來使用。例如：

男人　(אִישׁ)、
女人 (אִשָּׁה)。

小男孩　(יֶלֶד)、
小女孩 (יַלְדָּה)。

國王　(מֶלֶךְ)、
王后 (מַלְכָּה)。

八、 獨特限定的「定冠詞 (ה)」:

因為 He (ה) 這個字母在希伯來文所有的字母中所具有的「獨特性」(發音最輕、最溫柔、完全不需用到口腔裡任何的部位，只要送一口氣出來即可，而且又是唯一一個在字尾「不發音」的字母)，所以，在希伯來文的文法上，He (ה) 這個字母，就被拿來當作「**獨特限定**」功能的 定冠詞 來使用，就是英文 **the**.。例如創世記 1:9：

『神說：「這天 (הַשָּׁמַיִם) 底下的 這水(הַמַּיִם) 要聚在一處，
使 這旱地 (הַיַּבָּשָׁה) 露出來。」
事就這樣成了。』

וַיֹּאמֶר אֱלֹהִים יִקָּווּ הַמַּיִם מִתַּחַת הַשָּׁמַיִם אֶל-מָקוֹם אֶחָד
וְתֵרָאֶה הַיַּבָּשָׁה
וַיְהִי-כֵן

Vav ‬ו

掛勾、連結、組合、連接詞

希伯來語的第六個字母 Vav (ו)，這個字母的基本含意和「意義圈」包括: **掛勾、連結、組合成** (一個整體)、文法上的 **連接詞**。底下分成幾個路徑來解說:

一、 Vav (ו) 的「名字」及相近的讀音單字:

Vav (ו) 這個字母的「名稱/名字」，如果用希伯來文的「字母和母音符號」寫出來的話就是 (וָו)，這個名字的「讀音」，正好也是希伯來文的一個單字，叫做 (וָו) 意思是「**鉤子、掛勾**」，這個單字的拼寫和 Vav (ו) 這個字母的「名稱/名字」拼寫完全一樣。

二、 鉤子 (וָו)

以 Vav (ו) 這個字母起首的希伯來單字 [1]，第一次出現在整本聖經中的，就是:

鉤子 (וָו) 這個單字，出埃及記 26:32 :

> 『要把它 (幔子) 掛在四根包金的皂莢木柱子上，
> 它們的 **鉤子** (וָוֵיהֶם) 是金的，在四個帶卯的銀座上。』

三、 連接詞 (וְ' הַחִיבּוּר):

Vav (ו) 這個字母的外型，狀似一個「**鉤子、掛勾**」，鉤子的功能就是要是使兩個不同的物品、東西，得以「**聯繫、銜接、組合**」在一起，所以 Vav (ו) 這個字母，在希伯來文的文法上，就被拿來當成「**連接詞**」來使用了，例如創世記 1:1 :

> 『起初神創造天 和(וְ) 地。』
> בְּרֵאשִׁית בָּרָא אֱלֹהִים אֵת הַשָּׁמַיִם וְאֵת הָאָרֶץ

---

[1] 在希伯來文的字彙中，以 Vav (ו) 這個字母起首的希伯來單字非常少，如果去查詢希伯來文字典，那麼，以 Vav (ו) 這個字母起首的希伯來單字的詞條，篇幅不會超過兩頁。

四、作為「**組建**」其他字母的基本單元：

另外，猶太聖哲們也發現到 Vav (**ו**) 這個字母，是被用來「**組合-建構**」其他字母的一個基本單元，譬如：

Alef (**א**) 這個字母，中間這條「由左上到右下的斜線」就是 Vav (**ו**)、
Bet (**ב**) 這個字母，它的「底座」就是 Vav (**ו**)、
Gimel (**ג**) 這個字母，它這條「右邊較長的斜線」就是 Vav (**ו**)、
Dalet (**ד**) 這個字母，就是由兩個 Vav (**ו**) 組合而成。[2]

Vav (**ו**) 這個字母正是具有使兩樣東西「**連結**」起來，並使其「**合一**」穩固的特性，所以就成為了「組建」其他字母的基本單元。

五、時態反轉 的「**轉換詞**」(**ו' ההיפוך**)

Vav (**ו**) 這個字母，在聖經希伯來文裡面有一種特殊的用法，就是作為「**時態反轉**」的 轉換詞，被放在動詞的前面，譬如說：

1. 如果 Vav (**ו**) 是放在「完成式型態」的動詞前面，那麼這個動詞的時態就「被反轉」，變成是一個「未完成、或未來式」的語意，在經文裡最常看見的句型，就是 Vav (**ו**) 放在「**是-存在**」(**היה**) 這個 **Be 動詞** 的前面，請看下例：

(**הָיָה**)　過去式 的 was.
(**וְהָיָה**) 未來式 的 will be.

2. 同上，如果 Vav (**ו**) 是放在「未完成式-未來式型態」動詞前面，那麼這個動詞的時態就「被反轉」，變成是一個「完成式」動詞的語意，如下例：

(**יְהִי**)　過去式 的 will be.
(**וַיְהִי**) 未來式 的 was.

Vav (**ו**) 這個字母之所以被用來當作 **時態反轉** 的「轉換詞」，讓 Vav (**ו**) 這個字母具有「**連接**」過去、未來，並使得 **時間**，成為 沒有 (過去、現在、未來) 區隔的 **一個整體**，這背後是要表明：神對人類歷史的紀錄與「觀看」乃是一種「直觀」的看、「一鏡到底」的看、「光速」的看。

---

[2] 以 Vav (**ו**) 這個字母「組合」成其他字母，例如這裡提到的 Alef (**א**)、Bet (**ב**)、Gimel (**ג**)、Dalet (**ד**) 的「圖示分解」，請到鴿子眼的 Youtube 頻道，連結到「創世奧秘-文字智慧:Vav (**ו**)」字母的影片介紹。

根本地來說，時間之於上帝是「靜止的」，因為上帝是「創造時間」的上帝，所以祂在「時間之外」，置身於**永恆**之境的「整體無限」當中。

Zayin ז

雄性的力量、武器-武裝、精子-種子、食物、供給、記憶

希伯來語的第七個字母 Zayin (ז)，這個字母的基本含意和「意義圈」包括: **雄性的力量、武器、武裝、精子、種子、「長出」種子、食物、供給營養、記憶、使生命得以「發生-成長-維繫-持續發展」的 原動力**。底下分成幾個路徑來解說:

一、Zayin (ז) 的「名字」及相近的讀音單字:

Zayin (ז)這個字母的「名稱/名字」，如果用希伯來文的「字母和母音符號」寫出來的話就是 (זַיִן)，在這個名字的「讀音」裡面，看到有三個字母 (זין)，這三個字母同時也是「一個字根」，當名詞 (זַיִן) 讀音 Zayin 跟 Zayin (ז) 這個字母的「名稱/名字」完全一樣，意思是: **武器**。

二、 武器、武裝 (זין)

Zayin (ז) 這個字母的外型，狀似一把「長槍、長茅」，如果倒過來看的話，又像是「一把劍」，所以 (זין) 這個字根 當名詞是「**武器**」，當動詞是「**武裝**」:

1. 武器 (זַיִן)
2. 武裝 (זִיֵּן)

三、 種子、精子 (זֶרַע):

以 Zayin (ז) 這個字母起首的希伯來單字，第一次出現在整本聖經中的，就是:
種子 (זֶרַע) 這個單字，創世記 1:11:

上帝說:「地要發生青草

和 結(מַזְרִיעַ) 種子(זֶרַע) 的菜蔬」

種子 這個字的「字根 (זרע)」當動詞就是「**播種-撒種 (זָרַע)**」，利未記 25:3-4:

『六年要 **耕種(תִזְרַע)** 田地，第七年，地要守聖安息，
就是向耶和華守的安息，不可 **耕種(תִזְרָע)** 田地。』

(זֶרַע) 這個單字除了有 種子 的意思，第二個意思就是: 精子、子孫後裔，創世記 38:9：

> 『俄南知道 這個精子 (הַזֶּרַע) 不歸自己，
> 所以同房的時候便遺精在地，
> 免得給他哥哥留 後裔 (זֶרַע)。』

利未記 15:16：

> 『人若有 精子 (זֶרַע) 從他身上出來，
> 他要用水洗他的全身，
> 必不潔淨到晚上。』

種子、精子: 一個生命體，其「最初的雛型」，它/他/她 一切成長、長大成熟的內在「原動力」，都在於這一顆種子、精子，都是由這顆 種子、精子 發芽，發展、成長、長出來的。

所以在利未記 15 章裡提到的 男女「漏症不潔」，其實都跟「生殖」系統或「生殖器官」這一個會「孕育生命」、「繁衍後代」的活動有密切關係。

男人 遺精 之所以被稱為「不潔淨」是因為這些 精子 最後若是沒有任何一個 精蟲 和卵子結合的話，那麼這幾千萬甚至是上億隻的 精子，這些將來會構成一個新生胎兒的「潛在生命」雛型，最後的結局就是「死亡」。所以男人「遺精」正是代表「潛在生命」(精子) 的「失去和死亡」，因而被定義為「不潔淨」。[1]

四、 陽性、雄性 (זָכָר):

Zayin (ז) 這個字母代表 雄性 的力量，所以，前文已述，「武裝、武器、精子」的希伯來文字都是 Zayin (ז) 這個字母「起首」構成的，而「陽性、雄性、公的」的希伯來文名詞，也是以 Zayin (ז) 這個字母「起首」構成，叫做 (זָכָר)，創世記 1:27：

> 『上帝就照着自己的形像造人，
> 乃是照着祂的形像造 男 (זָכָר) 和女。』

---

[1] 另參《奧秘之鑰-解鎖妥拉:利未記》No.5 妥拉<大痲瘋>篇之第四段文字信息「遺精與月事」，頁 74-75。

創世記 6:19：

> 『凡有血肉的生物， 你要每樣帶兩隻進方舟，
>
> 有 公(זָכָר) 和母，好在你那裡保全生命。』

在自然界裡面，**雄性** 的物種，通常是使生命得以「**發生-維繫**」的力量，**男人** 之於一個家庭也是如此，因為他們肩負著 「**生殖、養家、供給、防衛、武裝、戰鬥**」的重責大任。

五、 食物、供給、提供營養 (זון):

(זון) 這個字根，可以構成下面兩個單字：
1. 供給、提供營養 (זָן)
2. 食物 (מָזון)

一個家庭、家族和社群的 安全生存，**食物供給** 端賴於 **雄性** 力量的「**武器、武裝、防衛**」，所以在希伯來文的「字根」系統裡，可以清楚看到這兩者的關聯：
1. 字根 (זין)：武器、武裝 、防衛、
2. 字根 (זון)：食物、供給、提供營養。

六、 記憶 (זכר):
1. 名詞型態 (זֵכֶר)
2. 動詞型態 (זָכַר)

記憶 (זכר) 這個字根和 「**陽性、雄性 (זָכָר)**」這個單字有「同一個字根」，這似乎表明，**記憶** (重要的人事物、事件) 需要一股「**雄性、武裝、護衛**」 的堅實力量，才能使得這些 (重要的人事物、事件、或神的律例典章法度) 得以「永遠銘記」在心，否則就是『忘得一乾二淨』。

人有別於萬物，正在於人是一個「有歷史、**有記憶**」的物種，人對於自我的認識，乃是奠基於我們的歷史、記憶。因為一個人的 記憶，是關乎到自我「身分認同」的議題。簡言之，**記憶** 就是 使我們「維繫自身、得以存在」身分統一的 **動能、動力**，而不會導致自我的精神-人格分裂。

下面來看幾處經文：

出埃及記 3:15：

『上帝又對摩西說：「你要對以色列人這樣說：

『耶和華－你們祖宗的上帝，就是 亞伯拉罕的上帝，以撒的上帝，雅各的上帝，

打發我到你們這裏來。』

這就是 我的名 ，直到永遠；

這也是 我的 紀念/記憶(זִכְרִי)，直到萬代。』

這裡的「紀念、記憶」表明，耶和華神永遠「紀念/記得」祂與亞伯拉罕-以撒-雅各「所立的約」，並且 耶和華 神的稱謂和名號就叫做『亞伯拉罕、以撒、雅各的神。』

而耶和華神也會誓死「護衛」這個「紀念、記憶」，也就是: 神會捍衛祂自己與以色列的先祖: 亞伯拉罕、以撒、雅各「所立的約」。

同樣的，耶和華神也要求以色列百姓，要永遠 記得 神帶領他們「出埃及」的救贖事件，因著這個救贖行動，而有了第一個耶和華的節期: 逾越節。出埃及記 13:3：

『摩西對百姓說：

「你們 要記念 (זָכוֹר) 從埃及為奴之家出來的這日，

因為耶和華用大能的手將你們從這地方領出來。』

瑪拉基書 4:4 節 (原文 3:18 節)，在大部分的抄本裡，「記念 (זִכְרוּ)」這個動詞的第一個字母 Zayin (ז) 都會被抄寫得比較大，萬軍之耶和華說:

『你們 當記念 (זִכְרוּ) 我僕人摩西的律法，

就是我在何烈山為以色列眾人

所吩咐他的律例典章。』

當記念 (זִכְרוּ) 這個動詞當中，被抄寫得比較大的 Zayin (ז)，似乎是在特意表明，你們以色列人要全心全力，去 護衛、記念 耶和華神的律例典章，因為神的律例典章、神的律法(妥拉)、神的話，就是你們的 食物、供給、營養，也是你們的 軍裝、防衛 的力量，是你們得以繼續 繁衍、生存、發展、生生不息 的原動力。申命記 32:47：

『因為這 (神的話) 不是虛空、與你們無關的事，

這是關乎 你們的生命；

在你們過約但河要得為業的地上，使你們 在地上的日子長久。 』

Het ח

黑暗、罪、除罪、潔淨、人生、神的恩典-慈愛

希伯來語的第八個字母 Het (ח)，這個字母的基本含意和「意義圈」包括: **黑暗、罪、除罪、潔淨、神的恩典-慈愛、人生、思想、新的、有智慧的**。底下分成幾個路徑來解說:

一、Het (ח) 的「名字」及相近的讀音單字:

Het (ח) 這個字母的「名稱/名字」，如果用希伯來文的「字母和母音符號」寫出來的話就是 (חֵית)，這個名字的「讀音」，正好也是希伯來文的一個單字，叫做 (חֵטְא) 意思是「罪」。所以，由 Het (ח) 這個字母起首的一個很重要的單字是 **罪**，這個字 正標示出 Het (ח) 這個字母的基本意涵及其意義圈。

二、 黑暗 (חֹשֶׁךְ)

以 Het (ח) 這個字母為首，第一次出現在整本聖經中的單字，在創世記 1:2:

『地是空虛混沌，淵面 **黑暗(חֹשֶׁךְ)**。 』

從屬靈的涵義來說，土地、世界，因為人的「**犯罪、墮落、敗壞**」以後，就變成一片淵面 **黑暗**，人的靈性和生命，慘澹 **無光**、變得毫無盼望。 因此，人活在這個世界上，需要光，需要 **恩典**，需要救贖。

在以色列百姓「出埃及」的過程中，他們經歷了十災，其中第九災正是 **黑暗** 之災，出埃及記 10:21-23:

『耶和華對摩西說:
「你向天伸杖，使埃及地 **黑暗(חֹשֶׁךְ)**；這 **黑暗(חֹשֶׁךְ)** 似乎摸得着。 」
濃密的 **黑暗(חֹשֶׁךְ)** 就籠罩埃及全地三天。
惟有以色列人家中都有亮光。 』

「濃密的 **黑暗**」就籠罩「埃及全地」三天。惟有「以色列人」家中都有「亮光」。這就讓以色列百姓親自看到，在埃及的「**黑暗**」、罪惡 有多麼的大，以致他們必須要迅速離開埃及。

三、 罪、犯罪、罪人、除罪 (潔淨)、沒有射中準心 (חטא):

由「(חטא) 這個字根」構成的希伯來文單字都跟「**罪**」的意涵有緊密關係:[1]

1. 罪　　(חֵטְא)、
2. 犯罪 (חָטָא)、
3. 罪人 (חוֹטֵא)、
4. 除罪 (חִטֵּא) [2]、
5. 沒有射中 (הֶחֱטִיא) [3]。

以上所舉的這五個單字,裡面都有「同一個字根 (חטא)」。

此外, Het (ח) 這個字母的形狀,看起來像是一個門、**門楣** 的形狀。以色列百姓出埃及前,把羔羊的血,塗在 **門楣** 上,為的是讓他們能躲過滅命天使的擊殺,進而得以「**保全性命**」,然後離開 「**罪惡、黑暗**」 的埃及,來到西奈山與耶和華神會面,領受聖法,展開「**新的(חָדָשׁ)**」生命,並學習「**獻祭-贖罪-潔淨**」,這樣就讓全體百姓的靈命不斷地得到提升和轉化。

從希伯來/基督信仰的角度來說,「**生命**」最重要的課題,始終都是在於處理、解決 **罪** 的問題,耶穌的降世也是如此,馬太福音 1:21『她將要生一個兒子,你要給他起名叫耶穌,因他要將自己的百姓從 **罪惡** 裏救出來。 』

四、生命、保全生命、救活 (חיה):

罪 的問題若解決,就意味著得著 **生命、新的 生命**。所以「**生命 (חיה)**」的字根也以 Het (ח) 這個字母起首。底下舉例的字詞裡面都有「**生命 (חיה)**」這個字根:

1. 活的、存活 (חַי) [4]
2. 生活、生命 (חַיִּים)
3. 救活 (חָיָה) [5]
4. 保全性命、使…存活 (הֶחֱיָה) [6]
5. 復活 (תְּחִיָה)

---

[1] 下文列舉出來都有「(חטא) 這個字根」的單字,在希伯來聖經裡俯拾皆是,有很多經文的例子可以作說明,但礙於篇幅,這裡就不一一列舉。

[2] **除罪、潔淨** (חִטֵּא) 這個字在利未記裡面,還特別指的是「獻 **贖罪祭**」,見利未記 6:26, 9:15。

[3] 就是「迷途、錯失」目標,所以 **犯罪** 就是 **沒有射中** (神所設定的) 目標-準心。

[4] 聖經裡提到誰 活了 幾歲,死了,誰又 活了 幾歲,死了。這個「活了」的動詞就是(חַי),但多半是用「未完成式」的動詞型態前面有 Vav(ו) 的時態反轉: (וַיְחִי)。

[5] 詩篇 80:18『這樣,我們便不背離你;求祢 **救活** (תְּחַיֵּנוּ) 我們,我們就要求告祢的名。 』

[6] 創世記 6:19『凡有血肉的活物,每樣兩個,一公一母,你要帶進方舟,好在你那裏 **保全生命/使其存活** (לְהַחֲיוֹת)。 』

五、 恩惠、有恩典的、神的慈愛、無條件地:

罪人能除罪、得潔淨,得著新生命,這是因為上帝的 **恩惠、恩典、慈愛**,而且是 **白白地-無條件** 的恩典:

1. 恩惠 (חֵן):

挪亞那個世代的人,本來無一倖免於大洪水的審判,可是,創世記 6:8:

> 『惟有挪亞在耶和華眼前蒙 **恩 (חֵן)** 。』

2. 有恩典的 (חַנּוּן):

當以色列犯了拜金牛犢的「死罪」之後,因著摩西的代求,使得耶和華神大發慈悲憐憫,出埃及記 34:6,耶和華神對摩西說:

> 『耶和華,耶和華,有憐憫 **有恩典的 (חַנּוּן)** 上帝,
> 不輕易發怒,並有豐盛的 **慈愛 (חֶסֶד)** 和誠實,』

3. 慈愛 (חֶסֶד):

神的 **慈愛** 是「永遠長存的」,看看詩篇 136 有幾句『因 **祂的慈愛 (חַסְדּוֹ)** 永遠長存』即可知曉。

4. 白白地、無條件地 (חִנָּם): [7]

在昔日人類的歷史,強大的帝國、以及有權勢的貴冑團體中,都會利用一群人來做事、做苦工,這群人就是「最沒有人權的奴隸」但耶和華神帶領以色列人出埃及後,就頒布聖法,告訴他們,要善待奴隸,並且要知道奴隸也有最基本的自由和人權,出埃及記 21:2:

> 『你若買希伯來人的奴僕, 他要工作六年;
> 在第七年他可以自由,**白白地 (חִנָּם)** 出去。』

5. 節期 (חַג):

節期,其實就是耶和華神對以色列百姓 施行 **救贖恩典** 的具體展現,讓他們得以定時親近神,出埃及記 10:9 節,摩西對法老說:

> 『我們要和我們老的少的、兒子女兒同去,且把羊群牛群一同帶去,
> 因為 **我們務要向耶和華守節/**
> 耶和華的「節期」是為我們 (設立的)
> (חַג-יְהוָה לָנוּ)。』

---

[7] 恩惠 (חֵן)、有恩典的 (חַנּוּן)、白白地(חִנָּם) 這三個字來自於「同一個字根 (חנן)」。

六、 其他 以 Het (ח) 字母起首的相關字詞:

1. 思想 (חָשַׁב)
2. 新的 (חָדָשׁ)
3. 更新 (חִדֵּשׁ)
4. 有智慧的 (חָכָם)

生命的 **更新** 和轉化,是由內而外的,是先從 **心思意念** 的改變開始,心意更新而變化,然後你就變得越加 **有智慧**。

Tet ט

美好、良善、自然律、循環、潔淨的、不潔淨的

希伯來語的第九個字母 Tet (ט)，這個字母的基本含意和「意義圈」包括: 美好、良善、耶和華神所定規的 自然律、循環、潔淨的、不潔-汙穢的。底下分成幾個路徑來解說:

一、Tet (ט) 的「名字」及相近的讀音單字:

Tet (ט) 這個字母的「名稱/名字」，如果用希伯來文的「字母和母音符號」寫出來的話就是 (טית)，與這個名字「相近的讀音」單字，叫 (טיט) 讀音 Tit .意思是「泥土」。 「(טיט) 泥土」這個字正標示出人『 從土而出、本是塵土、終歸塵土 的 自然律 』。

創世記 3:19『因為你是從土而出的。你本是塵土，仍要歸於塵土。』

傳道書 3:20『全都歸一處，全都是出於塵土，也全都歸於塵土。』[1]

以賽亞書 64:8『耶和華啊，現在你仍是我們的父！我們是 泥(חֹמֶר)[2]，你是窯匠，我們都是你手的工作。』

二、 大自然 (טֶבַע):[3]

人由「泥土 (טיט)」捏塑出來，生活在此世，也就是上帝所創造和定規的這個 大自然 (טֶבַע) 當中，受到「自然律」的規範和限制，經歷生、老、病、死的這一必經的發展歷程，最後「回歸自然」。此外，神所創造的 大自然 (טֶבַע)，也代表「自然循環、有機再生」的 轉化力。

提籃 (טֶנֶא):

若從 Tet (ט) 這個字母的外型來看，狀似一個 提籃 (טֶנֶא)，上面還有翻摺下來的遮蓋-護板，以利於「保護和保存」，所以這就好像是說: 神把祂所創造的世界

---

[1] 創世記 3:19 和 傳道書 3:20 這兩處經文裡的「塵土」一詞均為(עָפָר)

[2] 以賽亞書 64:8 中的 泥(חֹמֶר) 和「(טיט) 泥土」是同義詞。

[3] 大自然 (טֶבַע) 一詞並未出現在希伯來聖經當中，這個字是「中期希伯來文」(עברית ימי הביניים) 才發展出來的。中期希伯來文約莫從西元六世紀之後開始發展。

放在 提籃 (טֶנֶא) 中，以利於「保護和保存」，而這個保護和保存的運作機制和循環系統就是: 大自然(律) (טֶבַע)。

三、 好的、良善的 (טוב):

以 Tet (ט) 這個字母為首，第一次出現在整本聖經中的單字，在創世記 1:4：

『上帝看光 是 好的 (טוב)。』

「好的 (טוב)」這個字，在創世記第一章描述耶和華神的「創造」，出現的次數非常頻繁。神 美好、良善的 創造，來到創世記第一章最後一節，這樣總結道，創世記 1:31：

『上帝看着一切所造的

都甚美好 (טוב מְאֹד)。』

猶太聖哲們把「美好、良善的 (טוב)」這個字，理解並詮釋為: 一切都是「按著耶和華神所定規的 神聖-自然律」來運行。當宇宙萬物、人類世界都是按著「在起初」神定規的自然律來運作的時候，那這樣的狀態就是「美好、良善的 (טוב)」。

因為，神太初所創造的這個 大自然，原來一切都是 好的，神所設定的「自然生態系統」，是一個「良性循環」的系統，這個生物圈和食物鏈是完好、完整、平衡的。但可惜的是，人 犯罪-不潔 以後，地受到咒詛、變 汙穢，大地、自然界的生態系統被人類破壞，以致進入到「惡性循環」中。

『耶和華 善待 (טוב) 萬有；
祂的慈悲覆庇他一切所造的。』詩篇 145:9

『你本為 善 (טוב)，
所行的也善/使…成為美善 (מֵטִיב) [4]；
求你將祢的律例教導我！』詩篇 119:68

『因我所給你們的是 好的 (טוב) 教訓；
你們不可離棄 我的教導/我的妥拉 (תּוֹרָתִי)。』箴言 4:2

---

[4]「使…成為美善 (מֵטִיב)」這個 hifil 字幹動詞，裡面有 (טוב) 這個字根。

四、 潔淨 (טהר)、不潔-汙穢 (טמא):

1. 潔淨 (טהר):

當一個人都按著神所定的「神聖-自然律」來行事為人的時候，他就是處在一個「良性循環」的狀態中，這樣的狀態就被神稱之為 潔淨的 (טָהוֹר)。

2. 不潔-汙穢 (טמא):

當一個人沒有按著神所定的「神聖-自然律」來行事為人，在「犯罪、敗壞、玷汙」自己，是使自己靈命「死亡」的時候，那麼，他就是處在一個「惡性循環」的狀態中，這樣的狀態就被神稱之為 不潔-汙穢的 (טָמֵא)。

好在，上帝透過祂所創造的「神聖-自然律」來顯明，祂所擁有「**自然循環、有機再生**」的 **轉化力**，所以，有罪的人才能「變成」無罪的，不潔汙穢的才得以「變成」潔淨聖潔的。

即便在你的人生中，正在發生「不好的事」，但神最終都能把它變成「**好的** (טוב)」，這就是猶太人的一個堅強的信念，或是經常講的一句話:

(הכל לטובה)
『一切都會 **變好的**。』

苦難是化妝的祝福，羅馬書 8:28『萬事都互相效力，叫愛神的人得益處。』又如創世記 50:20，約瑟對哥哥們所說的：

『從前你們的意思是要害我，
但神的意思原是 **好的** (לטֹבָה)，
要保全許多人的性命，成就今日的光景。』[5]

五、 被放大的 Tet (ט):

『**美好的** (טוב) 名譽，強如美好的膏油』
טוֹב שֵׁם מִשֶּׁמֶן טוֹב

上面，傳道書 7:1 節中的第一個字「**好的** (טוב)」的第一個字母 Tet (ט) 在大部分的抄本裡都會被寫得特別大，是要強調並凸顯「**好名聲**」所帶來的「**良性循環**」和一切的「**好處**」，這說明了一個人有「**好 名聲**」的重要性。因為，當一個人有

---

[5] 創世記 50:20 節如果按原文直譯的話是說: 『(原先) 你們對我的思忖、籌算是邪惡的，但神把「它 (哥哥們想害約瑟的思想打算)」 想成 (變成) 是好的，』

「**好** 名聲、名譽」，**聲名遠播、聲譽卓著** 的時候，大家都會願意跟你做朋友，願意信任你，願意和你一起合作，甚至願意投注資源在你身上。

六、 被縮小的 Tet (ט):

耶利米哀歌 2:9：

『錫安的門都 陷入 (טָבְעוּ) 地內；
主將她的門閂毀壞，折斷。
她 (錫安) 的君王和首領落在 沒有律法(妥拉) 的列國中；
她 (錫安) 的先知們也不再從耶和華神領受異象。』

טָבְעוּ בָאָרֶץ שְׁעָרֶיהָ
אִבַּד וְשִׁבַּר בְּרִיחֶיהָ
מַלְכָּהּ וְשָׂרֶיהָ בַגּוֹיִם אֵין תּוֹרָה
גַּם-נְבִיאֶיהָ לֹא-מָצְאוּ חָזוֹן מֵיְהוָה

上面耶利米哀歌 2:9 的經文，我們看到第一個字，這個也是以 Tet (ט) 字母起首的動詞「**陷入 (טָבְעוּ)**」在大部分的抄本裡，這個 Tet (ט) 會被寫得特別小，這是要特別標示出「**聖殿被毀的哀悼**」。

耶利米作為南國猶大 (後期) 的先知，不斷地向百姓、同胞、宗教領袖、國家領導傳「**悔改-審判**」的信息，無奈他的信息不被人們接受，最後親眼見證南國猶大被巴比倫攻陷、耶路撒冷的覆亡、聖殿被毀。

耶利米傷心地看著自己所發的(審判)預言「應驗」，所以寫出 **耶利米哀歌** 以表達對於聖城: 耶路撒冷，及自己的同胞:以色列百姓的「悲痛欲絕」。

後世的猶太人就以猶太曆的「埃波月 **九號 (ט' באב)**」為「**聖殿被毀日**」，是日，猶太人誦讀全卷《耶利米哀歌》。正好 Tet (ט) 這個字母的字母數值是 9，所以當這個 Tet (ט) 寫在耶利米哀歌 2:9 經文中的「**陷入 (טָבְעוּ)**」這個動詞的時候，這個 Tet (ט) 就被寫的特別小，以示「聖殿 **陷落 (טָבְעוּ)**」的悼念。[6]

---

[6] 關於「聖殿被毀日」另參筆者拙作《奧秘之鑰:耶和華的節期》，頁 102-108。

Yod　י

根基、手、神的造作、產業繼承、巨大的影響力、拯救

希伯來語的第十個字母 Yud (י)，這個字母的基本含意和「意義圈」包括: 根基、宇宙存在的 **基礎**、**手**、**神性** 的 **造作**、**產業繼承**、精神性、巨大的影響力、拯救。底下分成幾個路徑來解說：

一、Yod (י) 的「名字」及相近的讀音單字:

Yod (י) [1] 這個字母的「名稱/名字」，如果用希伯來文的「字母和母音符號」寫出來的話就是 (יוֹד)，與這個名字「相近的讀音」單字，叫 (יָד) 讀音 Yad. 意思是「手」。

二、 神的 手、神的 造作:

1.「手」在希伯來聖經的經文中，經常指的是耶和華神的「手」及祂手「所做」的。詩篇 8:3,6：

> 『我觀看 祢指頭 (אֶצְבְּעֹתֶיךָ) [2] 所造的天，
> 祢派他 (人類) 管理 祢手(יָדֶיךָ) 所造的，』

另外，在出埃及記裡面，我們看到耶和華用祂自己「大能的 手(יָד)」，將以色列百姓「**拯救**」出來，出埃及記 6:1：

> 『現在 你 (摩西) 將會看見我 (準備) 向法老所要行的事，
> 使他因 我「**大能的手 (יָד חֲזָקָה)**」容以色列人去，
> 且又因 我「**大能的手 (יָד חֲזָקָה)**」(法老會被迫要) 趕他們 出他的地。』

然後，十災就發生在埃及，來到第三災、虱災，法老身邊的術士就對法老說：

> 『這是上帝的「手段/指頭 (אֶצְבַּע)」。』出 8:19 [3]

---

[1] Yod (י) 這個字母的名字也可以唸成 Yud (יוֹד)。
[2] 指頭 (אֶצְבַּע) 這個字是由 **Alef** (א) 這個代表「神性、能力」的字母起首的。
[3] 希伯來原文為 8:15 節。

「手段」(אֶצְבַּע) 的希伯來文原意思為「一根指頭」(finger)。所以術士們說，原來這是『上帝的指頭』，我們「踢到鐵板」了。兩隻 手(יָד) 加在一起共有「十根指頭」，所以一共會有「十災」，好像耶和華的 兩隻 手，準備要「伏案、強壓」在全埃及上，來鬆動、搖垮、捏爆、粉碎他們。[4]

2. 耶和華 神的造作、形成 (יָצַר)、意念(יֵצֶר):
創世記 2:7：

『雅威上帝用土地的塵土 造 (וַיִּיצֶר) 人。』

(יצר) 這個字根當名詞就是 心思「意念(יֵצֶר)」，因為人一切行動-作為的「形成和發生」，都是「肇始、根基於」這個人的「意念(יֵצֶר)」。在經文中，「意念(יֵצֶר)」這個字經常指的是人內裡「不好的意念、惡念」，創世記 6:5、8:21：

『耶和華見人在地上罪惡很大，
終日他心中思想的 意念(יֵצֶר) 都只是惡。』

『人從年幼之時
心裡的 意念(יֵצֶר) 就是惡的。』

三、有、存在的根基:

1. 以 Yod (י) 這個字母起首的希伯來單字，第一次出現在整本聖經中的，就是:「要有、要存在 (יְהִי)」這個字、這是一個「祈願-命令式」的動詞 [5]，創世記 1:3：

『上帝說:「要有 (יְהִי) 光」。』

其實「這個光」的創造，是早於第四日「日月星辰」的創造，所以，很有可能這個耶和華神所造的「太初之光」是一種「靈性之光」，一種由神自己輻射出去的「精神性的能量、力量」，而這個能量和力量，就是宇宙背後存在的 基礎、世界得以持續不斷運轉的 根基。

---

[4] 另參《奧秘之鑰-解鎖妥拉:出埃及記》No.2 妥拉<我顯現>篇之第四段文字信息「神的指頭」，頁 31-33。

[5] (יְהִי) 這是一個「第三人稱-陽性單數-未完成式」的動詞型態，其字根為 (היה)，同參本書第二部分希伯來文字根文集:「字根(היה): 存在/Be、耶和華」，頁 130。

以賽亞書 26:4：

> 『因為 在耶和華 (בְּיָה)，耶和華(יְהוָה)
> 是 永遠的磐石。』

上面以賽亞書 26:4 一開始的 在耶和華 (בְּיָה) 英文直譯為 **In Yah.**，前面是一個介係詞 (בְּ) 意思是「在於」，或是「以…來建造-來實作」，而後面的(יָה)讀音 **Yah**，就是 耶和華神名字的「縮寫」，也就是詩篇裡面出現的：
哈利路- 亞 (הַלְלוּ-יָה) 讀音 **Hallelu - Yah.**，所以 哈利路- 亞 其實在希伯來是由兩個字組合而成的：「**Hallelu (הַלְלוּ)要讚美**」–「**Yah (יָה)耶和華**」。

猶太聖哲根據以賽亞書 26:4 這節經文來理解世界的創造，和宇宙的 **根基**，正是「在於(בְּ)」Yod (י) 和 He (ה) 這兩個字母。

2. 根基、立根基 (יסד)：
所以「**根基**」的希伯來文字根也是以 Yod (י) 這個字母起首，
當動詞就是「立根基 (יָסַד)」，詩篇 102:26：

> 『你起初 立了 地的 根基 (יָסַדְתָּ)，
> 天也是 祢手 (יָדֶיךָ) 所造的。』

耶和華神對約伯說，約伯記 38:4：

> 『我 立 大地 根基 (בְּיָסְדִי) 的時候，你在哪裡呢？
> 你若擁有聰明，只管說吧。』

當名詞意思為「**根基 (יְסוֹד)**」，例如在箴言 10:25：

> 『暴風一過，惡人歸於無有；
> 義人卻有 永久的 根基 (יְסוֹד)。』

四、「最小的」字母、具有「最龐大的」能量：
希伯來語 22 個字母中，Yod (י) 是一個非常特別的字母，是所有字母中「**最小的**」字母，遠看就像是個小不點，不過 Yod (י) 卻又是一個蘊含「**巨大潛在**」**能量** 的子母，就像一顆「原子彈」，體積只有一部車的大小，卻能夠給世界帶來「極大的爆炸性的力量和影響」。

在希伯來聖經當中，幾個以 Yod (י) 這個字母起首的人物、地名的單字都蘊含照樣的意涵：

1. 世界的創造主: 耶和華神 (יְהוָה)
2. 以色列十二支派的族長: 雅各 (יַעֲקֹב)
3. 雅各後來改名為 以色列 (יִשְׂרָאֵל)，出埃及後「以色列」這個名號就成為這一個民族的頭銜，以色列要成為『祭司的國度、聖潔的子民、外邦人的光』。
4. 成為雅各一家「最終拯救者」的: 約瑟 (יוֹסֵף)
5. 雅各預言會生出「彌賽亞王權」的支派: 猶大 (יְהוּדָה)
6. 摩西的繼承者，帶領以色列過約旦河的: 約書亞 (יְהוֹשֻׁעַ)
7. 大先知: 以賽亞 (יְשַׁעְיָהוּ)
8. 大先知: 耶利米 (יִרְמְיָהוּ)
9. 大先知: 以西結 (יְחֶזְקֵאל)
10. 彌賽亞: 耶穌 (יֵשׁוּעַ)
11. 耶和華神立為祂名的 (地理上的) 居所: 耶路撒冷 (יְרוּשָׁלַיִם) [6]

以上所有的單字，全都是以 Yod (י) 這個字母起首，而這些人物和地名都和「以色列」有關係，若是從 Yod (י) 這個身為「最小的」字母、卻具有「最龐大的」能量 的意涵來理解 以色列 的話，那就正如申命記 7:7-9 所說：

『耶和華 專愛你們，揀選你們，
並非因你們的人數多於別民，
原來你們的人數 在萬民中 是最少的。
只因 耶和華 愛你們，又因 要守 祂向你們列祖 所起的誓，
就用 大能的手 領你們出來，從為奴之家 救贖你們 脫離埃及王法老的手。
所以，你要知道 耶和華－你的上帝，祂是上帝，是 信實 的上帝；
向 愛祂、守祂誡命的人 守約，施慈愛，直到千代。』

耶和華神正是在這個人數「極其微小」的以色列-猶太人的身上，要來向世人彰顯 祂手所做 的「偉大」奇妙事。因為耶和華神「修復」世界，進行「救贖」這項巨大工程所選擇的軟體正是: 以色列 (יִשְׂרָאֵל)，以色列就是人類「救贖 歷史」得以被開展的運作軟體。

---

[6] 另參《奧秘之鑰-解鎖妥拉:申命記》No.2 妥拉<看哪>篇之第二段文字信息「立為祂名的居所」，頁 43-46。同參本書第二部分希伯來文字根文集:「字根 (שלם): 平安、完整、完全」，頁 151。

在希伯來文裡，「**拯救 (ישע)** 」的字根也以 Yod (י) 字母起首，在前文舉例的人名中: **約書亞 (יהושע)**、**以賽亞 (ישעיהו)**、**耶穌 (ישוע)** 都有「**拯救 (ישע)** 」的字根在其中。

其實 **耶穌 (ישוע)** 這個名字的意思本身就是「**拯救、拯救者**」，馬太福音 1:21 天使對約瑟說:

> 『她 (馬利亞) 將要生一個兒子，你要給他起名叫 **耶穌 (ישוע)**，
> 因他要將自己的百姓 從罪惡裏 **救出來 (יושיע)**。 』

(ירש) 這個字根當動詞意為「**繼承產業、得…為業 (יָרַשׁ)**」，例如創世記 22:17，耶和華神應許亞伯拉罕及其後裔 (以色列) 的祝福:

> 『論福，我必賜大福給你；
> 論子孫，我必叫你的子孫多起來，如同天上的星，海邊的沙。
> 你子孫 **必得著 (וְיָרַשׁ)** 仇敵的城門。 』

再來，申命記 6:18:

> 『耶和華眼中看為正、看為善的，你都要遵行，
> 使你可以享福，並可以進去 **得 (וְיָרַשְׁתָּ)** 那美地，
> 就是耶和華向你列祖起誓應許的。 』

(ירש) 這個字根當名詞意為「**遺產、產業 (יְרֻשָּׁה, מוֹרָשָׁה)**」。某樣物品、東西之所以能被當成「**遺產、產業**」讓一個長子或家族來「**繼承**」，那這個東西一定是非常重要、而且具有「**龐大的**」能量，在希伯來聖經中，這個「**被繼承的產業**」經常指的就是 **土地、神的律法**，例如約書亞記 12:7 節提到:

> 『約書亞和以色列人在約旦河西擊殺了諸王。
> **他們的地** 是從黎巴嫩平原的巴力・迦得，直到上西珥的哈拉山。
> 約書亞就將 **那地** 按着以色列支派的宗族
> 分給他們 為 **業 (יְרֻשָּׁה)**，』

論到耶和華神傳給以色列 最重要、最深遠、最具「龐大」精神能量-屬靈力量的
產業，申命記 33:4：

『摩西將 (神的) **律法/妥拉 (תּוֹרָה)** [7] 傳給我們，
作為雅各會眾的 **產業 (מוֹרָשָׁה)**。』

---

[7] 其實 **律法/妥拉 (תּוֹרָה)** 這個字的「字根(ירה)」也是以 Yod (י) 起首的，當動詞 (יָרָה) 意思
為「**射擊、射中紅心**」。關於「字根(ירה)」，同參本書第二部分希伯來文字根文集：「字根(ירה):
射中準心、妥拉」，頁 131。

Kaf כ

手掌、折彎、塑形力、合用的工具、包容的承載力、領導力

希伯來語的第十一個字母 Kaf (כ)，這個字母的基本含意和「意義圈」包括: **手掌、折彎、彎曲**、「**塑形**」力、合用的器皿-工具、「**包容**」的承載力、**領導力**。底下分成幾個路徑來解說:

一、Kaf (כ) 的「名字」及相近的讀音單字:

Kaf (כ) 這個字母的「名稱/名字」，如果用希伯來文的「字母和母音符號」寫出來的話就是 (כף)，這個名字的「讀音」，正好也是希伯來文的一個單字，叫 (כף) 意思是「**手掌**」。這個單字的拼寫和 Kaf (כ) 這個字母的「名稱/名字」拼寫完全一樣。

出埃及記 33:22 節，以色列百姓犯了拜金牛犢的死罪之後，摩西來到耶和華神面前，替以色列人代求，然後摩西希望耶和華神顯出祂的榮耀，讓摩西得以親眼看見，但神說:

『我的榮耀經過的時候，我必將你放在磐石穴中，
用 **我的手掌**(כַּפִּי) 遮掩你，等我過去，
然後我要將 **我的手掌**(כַּפִּי) 收回，你就得見我的背，
我的面 卻不被看見。』

二、具有「包含、如同、正如…」等涵義的 關係代名詞、介係詞:

以 Kaf (כ) 這個字母起首的希伯來單字，第一次出現在整本聖經中的，就是: (כִּי) 這個字，這是一個「關係代名詞」是用來指涉前面的名詞，它所「**包含、具有**」的內容、特質和狀態，創世記 1:4:

『上帝看光 **是** (כִּי) 好的。』

若 Kaf (כ) 這個字母單獨使用，在希伯來文的文法裡，就成為了一個介係詞，意思為「**如同、正如**」，詩篇 92:12:

『義人要發旺 **如棕樹** (כַּתָּמָר)，生長如黎巴嫩的香柏樹。』

「如同、正如」的另一個介係詞的型態為 (כְּמוֹ)，出埃及記 15:5，當耶和華神較紅海合起來的時候：

『深淵淹沒他們 (埃及的軍兵)；
他們 如同 (כְּמוֹ) 石頭墜入深海。』

三、 折彎、彎曲、塑形力、領導力:

Kaf (כ) 這個字母的外形如同 「手掌 (כַף)」握住 呈反 C 字形的樣貌，這就好像是: 手掌 握住一根鐵條、鐵桿子，使力把它「折彎 (כָּפַף)」[1]，使它形成一個你想要的形狀和樣子，讓它能成為「合用、好用的 工具 (כְּלִי)」。

一個人要能夠成為 大將之才 、 具有承載力 的領袖人物，必須要「能屈能伸、逆來順受」，在遇到重大危機或困難時，他能彎腰謙卑地，在他人面前，接受別人的建言，甚至批評和指正。

如此，這樣的領導人，才不會一意孤行，最後變成獨裁者，帶給人民和國家災難。正好相反，一個能「彎腰謙卑」的領袖，願意接受人民的意見，來「調整」自己、「雕塑」自己，使其成為「更好、更適合的」器皿、人民領導者，這樣才可以真正為人民 帶來保護。

所以，下面要舉例的幾個由 Kaf (כ) 這個字母開始的字詞，都是上文所提 有能者、或 領導人 所應具備的幾個特點和內容：

1. 折彎、彎曲 (כָּפַף):[2]
願意彎腰謙卑，接受他人指正，然後調整自己、塑造自己，改變自己，變成更好的樣子，成為更合適的 器皿。

2. 工具、器皿 (כְּלִי) [3]

3. 杯子 (כּוֹס):[4]
杯子是一個「容器」，裡面可以裝東西，但看是要裝什麼東西，好的東西；或不好的東西。

---

[1] 手掌 (כַף) 和 折彎 (כָּפַף) 這兩個字有「同一個字根」。
[2] 詩篇 145:14『耶和華扶持一切跌倒的，扶起一切 「被壓下、被折彎的 (כְּפוּפִים)」。』
[3] 箴言 25:4『除去銀子的渣滓， 它就現出來給銀匠 做 器皿(כְּלִי)。』
[4] 詩篇 23:5『在我敵人面前，你為我擺設筵席；你用油膏了我的頭，使 我的 (福)「杯 (כּוֹסִי)」滿溢。』

4. 包含、兼容、全部 (**כלל ,כל**):

當你成為一個「好的器皿」時，就能「承載」更多事物，能去處理更多事情，面對更多、各式各樣的人，正所謂「有容乃大」。

5. 力量、能力 (**כֹּח**):

然而真正的 **力量** 是神給予的，若是單憑「己力」往往事倍功半，申命記 8:18、撒迦利亞書 4:6：

『你要記念耶和華—你的上帝，
因為得貨財的 **力量** (**כֹּח**) 是祂給你的。』

『萬鈞之耶和華說:
不是倚靠勢力，不是倚靠 **才能** (**כֹּח**)，
而是倚靠我的靈 (方能成事)。』

6. 皇冠 (**כֶּתֶר**)、皇位/椅子 (**כִּסֵּא**):

當一個人具備以上所提的這五點特質，那他就具有「領導」人民、「形塑」人民的資格，就可以名符其實、名正言順地 戴上 **皇冠**、坐上 **王位**。列王記上 9:4-5 耶和華神對所羅門王說：

『你若效法你父大衛，存誠實正直的心行在我面前，
遵行我一切所吩咐你的，謹守我的律例典章，
我就必堅固你在以色列中的 **國 位** (**כִּסֵּא**) ，直到永遠，
正如我應許你父大衛說：
你必不斷有人在以色列的 **王位** (**כִּסֵּא**) 上。』

7. 遮蓋(**כָּסָה**)、穹頂(**כִּפָּה**):

領導人、有能者 最主要的職責，就是要給人民帶來「**遮蓋** 和 **保護**」，民數記 9:15：

『立起帳幕的那日，
有雲彩 **遮蓋**(**כָּסָה**) 帳幕，就是 (安放) 約櫃的帳棚；
到了晚上，它(指雲彩)在帳幕上形狀如火，
直到早晨。』

這個 **遮蓋** 帳幕的「耶和華神榮耀的雲彩」就是「**帶領-保護**」以色列百姓在曠野中行進 最具體的表徵。

而現在能夠「保護」以色列免受外部飛彈-火箭炮突襲的這套「防衛」系統就叫做:「**鐵芎 (כִּיפַת בַּרְזֶל)**」飛彈攔截防禦系統，這個複合名詞的第一個字就是 芎頂(**כִּפָּה**) 這個字，所以這個 芎頂 就像是一個「防護罩」。

8. 祭司 (**כֹּהֵן**):

保護以色列，作為以色列的「中保」，替以色列百姓，來到神面前「贖罪」的屬靈精神領袖正是: **祭司**。

在耶和華神「救贖歷史」的計畫中，以色列 在萬國中 有一個特殊的身分，就是: **祭司**，出埃及記 19:6， 耶和華神對以色列人說：

『你們要歸我作 **祭司(כֹּהֲנִים)** 的國度，
為聖潔的國民。』[5]

四、 其他相關字詞舉例:

其他有關以「手掌之力」去「塑形-變形」的動詞舉例如下：

1. 寫作 (**כָּתַב**):

寫作 就是用文字「去形塑出」你想創作和完成的作品。在希伯來聖經中，也看到耶和華神「**寫作**」，寫出祂想教以色列人必須要去學習律例典章，以「形塑」他們成為祭司的國度、聖潔的國民。出埃及記 24:12：

『耶和華對摩西說：
「你上山到我這裡來，住在這裡，
我要將石版賜給你。
(上面有) 我為要教訓他們 **所寫(כָּתַבְתִּי)** 的律法和誡命，』

2. 砍下(**כָּרַת**)、打碎 (**כָּתַת**):

列王記下 18:4 提到希西家王行耶和華眼中看為正的事：

『他廢去丘壇， 毀壞柱像，
砍下(וְכָרַת) 亞舍拉木偶，
打碎 (וְכָתַת) 摩西所造的銅蛇，
因為直到那時候， 以色列人仍向它燒香。』

---

[5] 從新約聖經- 希伯來書的觀點來說，這位從以色列家猶大支派出來、身為大衛後裔的彌賽亞耶穌，已經成為「最完美的祭司」，見希伯來書第七章。

3. 用力磨碎、搗碎 (כָּתַשׁ): [6]

箴言 27:22：

> 『你即使用杵在 臼 (מַכְתֵּשׁ) 中、
> 在打碎的穀物中 搗碎 (תִּכְתּוֹשׁ) 愚妄人，
> 他的愚昧 還是離不了他。』

五、「塑造」強健的身心: 潔淨飲食 (כשר) [7]

---

[6] (כָּתַשׁ) 這個動詞在現代希伯來文就是「研磨」咖啡豆。
[7] 詳參本書第二部分希伯來文字根文集:「字根(כשר): 潔淨飲食、天賦、才能」，頁 134。

Lamed ל

學習、教導、心、向著目標前進

希伯來語第十二個字母 Lamed (ל)，這個字母的基本含意和「意義圈」包括: **學習**、**教導**、**心**、**向-朝著…目標去的驅動力**。底下分成幾個路徑來解說:

一、Lamed (ל) 的「名字」及相近的讀音單字:

Lamed (ל) 這個字母的「名稱/名字」，如果用希伯來文的「字母和母音符號」寫出來的話就是 (לָמֶד)，在這個名字的「讀音」裡面，看到有三個字母 (למד)，這三個字母同時也是「一個字根」[1]，當動詞 (לָמַד) 讀音 Lamad 意思是: **學習**、另一個動詞 (לִמֵד) 讀音 Limed 意思是: **教導**。「學習-教導」這兩個字標示出 Lamed (ל) 這個字母的基本意涵及其意義圈。

二、 利未 (לֵוִי) 支派:

利未支派在以色列的十二支派中，扮演一個非常重要的角色，他們的職責就是要「**教導**」以色列百姓去「**學習**」神的律法、典章、法度。

在創世記 49:7 雅各預言利未支派將來會『**分居，散住** 在全以色列地中。』以色列百姓過約旦河，進迦南地得地為業之後，利未支派的確沒有分到土地，利未人沒有自己的產業，他們是「散居各地」。然而，利未支派之所以必須「**分散在各支派中**」，目的就是要盡到他們肩負「**教導**」各支派 耶和華神的律法、典章的重責大任，正如申命記 33:10 摩西臨終前，給利未子孫的祝福:

> 『他們要將你的典章 教訓雅各，
> 將你的律法 教訓以色列。』

三、 十誡的 法版 (לוּחַ) 與 禁令 (לֹא):

1. 神律法的 **教導** 及 **學習** 的總綱，最後都可以濃縮在這塊寫有「十誡的 **法版**」上，出埃及記 24:12：

---

[1] (למד) 這個字根也出現在「塔木德 (תַּלְמוּד)」一詞中。

『耶和華對摩西說：
「你上山到我這裡來，住在這裡，
我要將 石版 (לֻחֹת הָאֶבֶן) 賜給你，
(上面有) 我為要教訓他們 所寫的律法和誡命。』

2. 另外，Lamed (ל) 這個字母是 22 個希伯來字母身材「**最高**」的字母，從 Lamed (ל) 這個字母的外型來看，它有一個「挺直高聳」的脖子，狀似一座可以「**看向遠方**」的瞭望塔，能提前「預先看見」將會發生的問題和災難，所以先要百姓「提高警戒」，注意遠處的敵人。

在出埃及記 20 章提到的十誡，當中的 不可(לֹא) 殺人、不可(לֹא) 姦淫、不可(לֹא) 偷盜的「**不可**」就是 (לֹא) 這個字，它是一個「否定詞」。在十誡當中，這個否定詞其實就是一項一項的「禁令」。

這些「**禁令(לֹא)**」就像 Lamed (ל) 這樣的「**瞭望塔**」一般，預先告知以色列百姓「不可以」做什麼，以免最終導致禍患、災難，然而當以色列百姓都遵守十誡的這些「**禁令(לֹא)**」時，除了能避免災禍，更重要的是，這樣能讓百姓「**走向**」生命的道路，「**來到**」神(א) 面前，所以 (לֹא) 這個希伯來字的組合很有意思，就是由 高塔 Lamed (ל) 帶領百姓 「**指向**」 神 Alef (א)。

3. 火炬、火把 (לַפִּיד):
當你需要「**火炬、火把**」的時候，都要把它們拿得「高高的」，以「照明-前方」的事物「預先警戒」來保全性命。以賽亞書 62:1：

『我因錫安必不靜默，為耶路撒冷必不息聲，
直到她的公義如光發出， 她的救恩如 火把 (לַפִּיד) 燃燒。』

四、 Lamed (ל) 作為 介係詞:
所以 Lamed (ל) 這個字母 在希伯來文的文法中，就是作為一個「**介係詞 (ל)**」的功能來使用，意思是: 一個「**向、為著、朝著…目標/方向去**」的動作和行動，甚至有時候 這個「**介係詞 (ל)**」還有「**變成、轉化成**」的涵義在其中，例如出埃及記 4:9 耶和華神對摩西說，如果法老和埃及人都不信 杖變蛇、手長大痲瘋的神蹟，那就再變一個:

『這兩個神蹟若都不信，也不聽你的話，
你就從河裏取些水，倒在旱地上，
你從河裏取的水必在旱地上 變作血 (לְדָם)。』

五、 心 (לֵב):

在身體各部位，一個擁有「**驅動、驅策**」你去「**學習**」新事物的渴求、意志的力量，「**去、向、到 (לְ)**」一個目的地，「**過渡-指向到**」一個更遠、更高的目標、讓你前進，更上一層樓的這個部位，就是: 心 (לֵב)。因此，我們要把 心 (לֵב) 用在 對的事物上、對的目標、和對的方向上。申命記 6:6:

『我今日所吩咐你的 (關於神的律法) 話
都要記在 你的心上 (לְבָבֶךָ)。』

六、 舌頭 (לָשׁוֹן):

一個能夠帶出「**驅動力、轉化力**」，去「**促使**」他人「**往某個目標、方向去**」 的器官，就是: 舌頭 (לָשׁוֹן)，因為 舌頭「**所說出的話**」可以去 造就人、鼓勵人；當然也可以去 咒罵人、中傷人、毀掉一個人。箴言 18:21:

『 生 與 死
在 舌頭 (לָשׁוֹן) 的權下。』

七、 教訓、教導、功課 (לֶקַח):

有謂『不經一事，不長一智』。上帝有時候會透過一些事件的失敗，人生遭遇的苦難，來讓我們「**學習**」生命的「**功課**」，如此來「**改變-轉化**」自我，以增長人生的閱歷和經驗，讓你自己得以「**朝著更高、更遠的目標**」前進，視野變得更開闊、更豁達。箴言 4:2:

『因我所給你們的是 好的 教訓 (לֶקַח)；
你們 不可離棄 我的教導/我的妥拉 (תּוֹרָתִי)。』

八、 夜 (לַיְלָה):

以 Lamed (לְ) 這個字母起首的希伯來單字，第一次出現在整本聖經中的，就是: (לַיְלָה) 這個字，創世記 1:5:

『上帝稱光為晝，稱暗為 夜 (לַיְלָה)。』

人在「**夜晚**」睡覺，夜晚的睡眠可把以把白日「**學習**」的資訊做「**磁碟重組**」，以利大腦的吸收和消化。

Mem מ

水、轉化、改變、更新、聖經中的四十

希伯來語的第十三個字母 Mem (מ)，這個字母的基本含意和「意義圈」包括: 水、**跨越**、**轉化**、**改變**、**更新**、聖經中的 **四十**。底下分成幾個路徑來解說:

一、Mem (מ) 的「名字」及相近的讀音單字:

Mem (מ) 這個字母的「名稱/名字」，如果用希伯來文的「字母和母音符號」寫出來的話就是 (מֵם)，與這個名字「相近的讀音」單字，叫 (מַיִם) 讀音 Mayim. 意思是「水」。

水這種物質很特別，它可以經過不同型態的「**過渡、轉換、改變**」，從液態變成固態、變成氣態，這就是水的三態。

耶和華神在創造世界的時候，正是藉由 水(מַיִם) 的三態，得以讓整個大自然具有永續循環、**更新**、**轉化** 的自我運作系統。而水的這個「**過渡、轉換、改變**」特性和現象，正是 Mem (מ) 這個字母所具有的基本涵義，由 Mem (מ) 起首的希伯來文字詞大抵都會跟這個涵義有關係。

二、 Mem (מ) 第一次出現在聖經中的單字:

在創世記 1:2：

> 『地是空虛混沌，淵面黑暗；
> 神的靈運行在 水(הַמָּיִם) 面上。』

三、 與「**過渡、轉換、改變**」意義相關的字詞舉例:

1. 來源 (מָקוֹר):

例如 詩篇 68:26：

> 『你們當在各會中稱頌耶和華神！
> (這位神是) 從 以色列 的源頭(מִמְּקוֹר) 而來的啊！』

2. 起源、出來之處 (מוֹצָא): [1]

例如 詩篇 107:35：

> 『祂使曠野變為水潭，
>
> 叫旱地變為 水源 出來之處 (לְמֹצָאֵי מָיִם)。』

3. 過渡、渡口 (מַעֲבָר):

就是古人從一個地方「過渡到」另一個地方，中間會休息、過夜的「中繼、中轉站」，稱之為 **驛站、渡口**，例如 創世記 32:22：

> 『他 (雅各) 夜間起來，
>
> 帶著他的兩個妻子，他的兩個婢女， 並他的十一個孩子，
>
> 過了 雅博 渡口(מַעֲבַר)；』

雅各正是在經歷雅博 渡口(מַעֲבַר) 的「與神摔跤」的事件之後，他的人生和他對自我的認識被澈底的「改變、轉化」，雅改「變成了」以色列。

4. 地方 (מָקוֹם):

人生在世，是客旅的、寄居的，我們所住的每一個「地方」，都不過是「過渡」，最終會搬遷、離開。例如 創世記 13:3，提到不斷四處遷徙的亞伯蘭：

> 『他 從南地 繼續他的行程往伯特利去，
>
> 到了當初 他的帳棚 (立) 在那裡的 地方(הַמָּקוֹם)，
>
> (就是在) 伯特利和艾的中間，』

5. 轉換過程中的「情況、狀態」(מַצָּב)

「情況、狀態」(מַצָּב) 比較是現代希伯來文的用法和涵義，在聖經希伯來文 (מַצָּב) 一詞指的是 腳掌「**立足之地**」[2] 或者是「**駐軍**」，駐軍經常會「**移防**」：從一個地方「過渡到另」一個地方，例如撒母耳記上 13:23：

> 『非利士人的一隊 防兵/駐軍 (מַצָּב) 出發，
>
> 到了密抹的 隘口/渡口 (מַעֲבַר)。』

6. 為甚麼 (מַדּוּעַ):

(מַדּוּעַ) 這個字是詢問一個事件的情況「如何演變成」另一個狀態的疑問詞。例如，出埃及記 3:3 摩西說：

---

[1] (מוֹצָא) 這個字，在現代希伯來文有「祖籍、出生地」的涵義。
[2] 見約書亞記 4:3,9。

『讓我轉過去看這個大異象，
這荊棘 為甚麼 (מַדּוּעַ) 沒有燒毀呢？』

7. 介係詞「來自、從…」(מִן , מְ):
例如 詩篇 114:1：

『以色列 從 埃及 出來 (מִמִּצְרָיִם)
雅各家 從 說陌生語言之民族中 出來 (מֵעַם לֹעֵז)』

以色列人正是「從 埃及 出來」，他們的生命才得以經歷「轉化、更新」的過程。

四、 聖經中的 四十：
眾所周知，22 個希伯來字母，每個字母都有一個對應的數值，而 Mem (מ) 這個
字母的數值為 四十，而在希伯來聖經中，和 四十 這個數字有關的「人事物」，
譬如：大洪水、出埃及、曠野漂流四十年…等等，這些事件相關的希伯來字詞，
大多都以 Mem (מ) 起首構字，而且在經歷這些事件後，也都帶來大規模的「轉
化、改變、更新」：

1. 大洪水 (מַבּוּל)：
創世記 7:17：

『 這洪水(הַמַּבּוּל) 氾濫在地上 四十天，』

2. 埃及 (מִצְרָיִם)：
又因 (צָרִים) 這個字有「狹窄、困頓、痛苦」之意，所以把介係詞(מְ)「來自、
從…」放在前面變成 (מִ-צְרָיִם) 這就清楚地意指著：以色列人「出埃及」就是
從「狹窄、困頓、痛苦」的奴隸世界、罪惡深淵走出來。

3. 摩西 (מֹשֶׁה)： [3]
根據 新約聖經 的 使徒行傳第七章，摩西的人生三階段剛好是以 四十 作分野
的：四十年 在埃及皇宮、四十年 在米甸曠野 [4]、 四十年 帶領以色列人在曠
野。

---

[3] 關於 摩西(מֹשֶׁה) 的「名字」及其涵義，另參《奧秘之鑰-解鎖妥拉:出埃及記》No.1 妥拉<名
字>篇之第四段文字信息「摩西的名字: 名字的轉化與身分的改變」，頁 10-11。

[4] 耶穌也在曠野受魔鬼撒旦試探 四十天，見馬可福音 1:13、路加福音 4:2。耶穌復活之後，也用
四十天 的時間，向門徒顯現，並繼續教導門徒，見使徒行傳 1:3。

4. 曠野 (מִדְבָּר):

以色列人出埃及，漂流-生活 四十年 的地方。民數記 14:34：

> 『你們的兒女必在 曠野(מִדְבָּר) 牧羊 四十年，
> 擔當你們淫行的罪，
> 直到你們的屍首在曠野消滅。』

5. 嗎哪 (מָן):

以色人在曠野 四十年 吃的食物，出埃及記 16:35：

> 『以色列人吃 這嗎哪 (הַמָּן) 共 四十年，
> 直到進了有人居住之地，
> 他們吃 這嗎哪 (הַמָּן)，直到進入迦南地的境界。』

6. 妥拉 給予 (מַתַּן תּוֹרָה):

摩西在西奈山上 四十 晝夜，將神的律例典章，還有兩塊法版的十誡帶下山，為要「教導-轉化」以色列百姓，出埃及記 34:28：

> 『摩西在耶和華那裡 四十 晝夜，
> 也不吃飯也不喝水。
> 他將這約的話寫在兩塊版上，
> (也) 就是十條誡。』

所以，猶太人就稱這個西奈山的「神顯」事件為 「妥拉(律法)降下、妥拉(律法)給予」，希伯來文就是 (מַתַּן תּוֹרָה)。

7. 瑪拉 (מָרָה)、 米力巴 (מְרִיבָה)、 瑪撒 (מַסָּה):

以色列人剛出埃及，來到曠野生活，經常「抱怨和爭鬧」，並且質疑摩西和懷疑神，這些抱怨和爭鬧 其實就是這些地名的由來，出埃及記 15: 23、17:7：

> 『到了 瑪拉(מָרָתָה)，不能喝那裏的水；
> 因為水 苦 (מָרִים)，所以那地名叫 瑪拉 (מָרָה)。
> 百姓就向摩西發怨言，說：「我們喝甚麼呢？」』

> 『摩西給那地方起名叫「瑪撒」(מַסָּה 試探 的意思)，
> 又叫「米利巴」(מְרִיבָה 爭鬧 的意思)；
> 因以色列人 爭鬧，又因他們 試探 耶和華，說：
> 「耶和華是有我們中間，還是沒有？」

在希伯來聖經中，通常這些 希伯來語「**地名的命名**」都是標誌著該地方所發生的「事件」及後續帶來的「影響」。

8. 責打 (מַכָּה):

要「管教-教化」一個惡人，有時必須透過適當地「**責打**」，申命記 25:2-3：

『惡人若該受責打，審判官就要叫他當面伏在地上，
按著他的罪照數責打。
只可打他 四十下，不可過數；
若過數的 **責打** (מַכָּה)，便是輕賤你的弟兄了。』

五、 轉化、更新 的「終極力量」：

握有最終「**轉化、更新、改變**」力量的，就是在最上位的統治者，這位統治者就是創造天地的耶和華神，及祂所立的受膏者/彌賽亞，所以 王、王權、彌賽亞 這三個字都以 Mem (מ) 起首構字：

1. 王 (מֶלֶךְ):
詩篇 29:10：

『洪水泛濫之時，耶和華坐著；
耶和華坐著為 王 (מֶלֶךְ)，直到永遠。』

2. 王權 (מַלְכוּת):
詩篇 103:19：

『耶和華在天上立定寶座，
祂的王權 (מַלְכוּתוֹ) 統管萬有。』

3. 彌賽亞、受膏者 (מָשִׁיחַ):
詩篇 18:50：

『耶和華 賜極大的救恩 給 祂的王(מַלְכּוֹ)，
施慈愛給 祂的受膏者 (מְשִׁיחוֹ)，
就是給大衛和他的後裔，直到永遠。』

Nun נ

後裔、靈魂-氣息、永恆、信實-不改變的

希伯來語的第十四個字母 Nun (נ)，這個字母的基本含意和「意義圈」包括:**後裔、後代子孫、永恆長存、靈魂-氣息、信實-不改變的** 神。底下分成幾個路徑來解說：

一、Nun (נ) 的「名字」及相近的讀音單字:

Nun (נ) 這個字母的「名稱/名字」，如果用希伯來文的「字母和母音符號」寫出來的話就是 (נוּן)，與這個名字「相近的讀音」單字，叫 (נִין) 讀音 Nin. 意思是「**後裔、後代**」。 [1]

一個家族有「**後裔、後代**」，這樣他們的家訓、祖傳、家族的精神和產業才能「**流傳日久、存到永恆**」。所以 Nun (נ) 這個字母所具有一個最重要的基本涵義就是「**存續、永恆、長存**」。

二、 孫子(נֶכֶד)、挪亞(נֹחַ):

1. 孫子 (נֶכֶד):

這個字 在聖經希伯來文和前文提到的「**後裔、後代 (נִין)**」連用，例如創世記 21:23 亞伯拉罕和非利士人立約：

> 『我願你如今在這裏指着上帝對我起誓，
> 不要欺負我與 **我的後代 (נִינִי)**，並 **我的子孫 (נֶכְדִי)**。』 [2]

2. 挪亞 (נֹחַ):

如果說 **挪亞** 那個世代，全人類只有「**挪亞一家**」躲過大洪水，繼續「繁衍生命，**存留後代**」，那麼，現在世界上所有的人都可以說是挪亞的「**後裔、後代 (נִין)**」。創世記 6:8：

> 『惟有 **挪亞 (נֹחַ)**
> 在耶和華眼前 蒙恩。』

---

[1] (נִין) 這個字在現代希伯來文是「曾孫」的意思。
[2] 另見約伯記 18:19、以賽亞書 14:22。

三、願他的名存到永遠,「流傳」如日之久:

詩篇 72:17,許多解經的詮釋將這節經文指向 大衛的 後裔:「彌賽亞」,他的名「存到永遠」,流傳 如日之久:

> 『願他的名存到永遠,
> 他的名 流傳/存到永恆 (יִנּוֹן , יָנִין) 如日之久;
> 願人因他蒙福,
> 萬國稱他為有福。』

流傳/存到永恆 (יִנּוֹן , יָנִין) 這個動詞 [3] 的字根為 (נון),有兩個 Nun (נ) 在裡面,中間是一個連接詞 Vav (ו),所以這個字根意指『就只有 Nun (נ) 和 Nun (נ) 』以特別強調出「流傳日久、存到永恆」的字義。

但是在希伯來聖經裡,抄本的「寫型」是寫作 (ינין),所以按「寫型」的字型,似乎又有意地將這個字關聯到「後裔、後代 (נין)」。

若論到彌賽亞的「系譜」,他是出自大位的「後裔」,而耶和華神曾向大衛應許,他的後裔會「存到永遠」,詩篇 89:29:

> 『我也要使他 (大衛) 的 後裔 存到永遠,
> 使他的寶座 如天之久。』

四、 信實的 (נֶאֱמָן) 神:

在聖經中,耶和華神向人「所應許的約」是 永不改變、永不廢去,是存到永遠的,因為神是一位「守約、信實的」神,申命記 7:9:

> 『所以,你要知道耶和華——你的上帝,
> 祂是上帝,是 信實的 (הַנֶּאֱמָן) 上帝;
> 向愛祂、守祂誡命的人守約和慈愛, 直到千代;』

五、 生命力、生命 (נֶפֶשׁ):

使得一個生物個體得以「持續存在、繼續活動」的力量就是「生命力、生命」。所以,以 Nun (נ) 這個字母起首的希伯來單字,第一次出現在整本聖經中的,就是「生命力、生命 (נֶפֶשׁ)」,創世記 1:20:

---

[3] 流傳/存到永恆 (יִנּוֹן , יָנִין) 這個動詞很特殊,在整本希伯來聖經裡只出現過一次,就在詩篇 72:17 這節經文中。

『上帝說：

水要多多滋生成群 活著的 生命(נֶפֶשׁ)；』

另外「生命力、生命 (נֶפֶשׁ)」一詞有時也意指:人的生理-生存的「身體需求-慾望」。
例如箴言 23:2：

『你要拿刀放在喉嚨上，
如果你有 貪慾(נֶפֶשׁ) 是嗜吃者。』

六、 吹氣 (נָפַח)、 靈魂-氣息(נְשָׁמָה):

如果從 Nun (נ) 這個字母所具有「存續、永恆、長存」的涵義來看，那麼，以
Nun (נ) 起首構字的 靈魂 (נְשָׁמָה) 應是「永存不滅」的，因為人「死後」會有
審判。

靈魂 (נְשָׁמָה) 這個字第一次出現在整本聖經中，是在創世記 2:7：

『耶和華上帝用地上的塵土造人，
將生命的 靈魂/氣息 (נְשָׁמָה) 吹(וַיִּפַּח) 在他鼻孔裏，
他就成了一個 活著的 生命(נֶפֶשׁ)，就是人。 』

靈魂 (נְשָׁמָה) 這個字 比較指的是: 從神而來，神所賦予人的「智慧、理性、神
性光輝」，是在人裡面「永恆不滅的靈」。所以，重新翻譯和詮釋創世記 2:7 節的
經文就是:

耶和華神用土地的塵土造人，將生命的「(神性光輝、智慧、理性、具有語言能
力的) 靈魂/氣息 (נְשָׁמָה)」，吹在他的鼻孔裡， 那人就成了一個活著的「(具有
基本生存能力、需求、慾望) 的 個體生命 (נֶפֶשׁ)」。

所以，按照耶和華神創造人的「程序」，是先有「(神性光輝、智慧、理性、具有
語言能力的) 靈魂/氣息 (נְשָׁמָה)」，然後，才能夠成為一個..活的「(具有基本生
存能力、需求、慾望) 的個體 生命 (נֶפֶשׁ)」)。

也就是說，是人裡面 (那個神所賦予) 的 靈魂/氣息 (נְשָׁמָה)，才能夠「去驅動」
生命 (נֶפֶשׁ)」，使一個人，成為「真正活著的人」，否則一個沒有 靈魂/氣息 (נְשָׁמָה)
的 生命 (נֶפֶשׁ)，這樣的人，充其量只能稱之為「行尸走肉的活死人」。

另外，**靈魂** (נְשָׁמָה) 一詞的字根來自 動詞「呼吸(נָשַׁם)」，因為人活著有靈魂的一個具體表徵，就是神向人「呼氣-吹氣」，使人「呼吸」，只要一個人還在呼吸，還有「氣息」，那就表示這個人的靈魂，還在他的身體 (個體生命) 裡面。所以 **靈魂** (נְשָׁמָה) 有時也以 氣息 一詞來翻譯，例如詩篇 150:6：

> 『凡 **有氣息** 的 (כֹּל הַנְּשָׁמָה)
> 都要來讚美耶和華。』

七、 燈 (נֵר)、神的話「安定(נִצָּב)」在天，直到永遠:

出埃及記 27:20-21：

> 『你要吩咐以色列人，把那為點燈搗成的清橄欖油拿來給你，
> 使 **燈**(נֵר) 常常點著。
> 在會幕中法櫃前的幔外，亞倫和他的兒子，
> 從晚上到早晨，要在耶和華面前 經理 這燈。
> 這要作以色列人 **世世代代 永遠的定例**。』

這燈 就是金燈台的燈，乃是要「**常常**」點著、「**天天**」點著，因為 **這燈** 就是象徵-代表 **神話語** 的「靈性之光」，是要「照亮」我們，成為我們最清楚明亮的指引，帶領我們走向「**永恆的生命**」。詩篇 119:105：

> 『祢的話 是我腳前的 **燈** (נֵר)，
> 是我路上的 光。』

箴言 6:23：

> 『因為 誠命 是 **燈** (נֵר)，
> 法則 (妥拉) 是 光，
> 訓誨的責備是生命的道。』

箴言 20:27：

> 『耶和華的 **燈** (נֵר) 就是 人的**靈魂**(נִשְׁמַת אָדָם)，
> 鑑察人的心腹。』

正如詩篇 119:89 所說：

> 『耶和華啊，你的話 **安定** (נִצָּב) 在天，
> 直到永遠。』

八、 永恆、永遠 (נֵצַח):

「永恆、永遠」一詞當然是以 Nun (נ) 起首構字的，(נֵצַח) 這個字出現在經文中例如：詩篇 16:11：

> 『祢必將生命的道路指示我。
> 在祢面前有滿足的喜樂，
> 在祢右手中有 永遠 (נֵצַח) 的福樂。』

九、結婚、娶 (נָשָׂא)、 婚姻 (נִשּׂוּאִין) [4]:

男女結婚，雙方應要「堅守婚約」，海誓山盟，長長久久，所以「結婚、娶」的希伯來文動詞 (נָשָׂא) 以 Nun (נ) 這個具有「存續、永恆、長存」涵義的字母起首構字就非常合理了。

十、 Nun (נ) 這個字母在「文法上」的功能：

1. Nun (נ) 加在「未完成式」的動詞字根後面變成「陰性 複數」型態，例如出埃及記 2:16：

> 『米甸的祭司有七個女兒；
> 她們來 (וַתָּבֹאנָה)   打水 (וַתִּדְלֶנָה)，
> 打滿了 (וַתְּמַלֶּאנָה) 槽，
> 要飲她們父親的羊群。』

前文介紹過希伯來文的第五個字母 He (ה)，在文法上，當 He (ה) 加在詞尾的時候會變成「陰性 單數」，而這裡的 Nun (נ) 加在動詞字根的後面，則是會讓動詞變成「陰性 複數」，從兩者的「字母數值」來看，這恰好對應到：

He (ה) 的字母數值為 5
Nun (נ) 的字母數值為 50。

希伯來文「文法術語」的「陰性 (נְקֵבָה)」一詞也正好是 Nun (נ) 這個字母起首的，(נְקֵבָה) 一詞在希伯來聖經 意指「女人、雌性動物」，例如創世記 1:27、6:19：

---

[4] **婚姻 (נִשּׂוּאִין)** 一詞並未出現在希伯來聖經中，這是西元第三世紀以後「拉比希伯來文 (לשׁון חז״ל)」才有的字彙。

『上帝就照著自己的形像創造了人，
照著上帝的形像創造了他(們)，
祂創造了他們，有男有 女 (נְקֵבָה)。』

『凡有血肉的生物，
你要每樣帶兩隻進方舟，
有公和 母 (נְקֵבָה)，好在你那裡保全生命。』

2.　Nun (נ) 加在一個「特定字根」的字尾 [5]，表達擁有某種「固有、經常有的」行為活動的人或事:
這種功能的使用，比較是「現代希伯來文」的用法，例如:
a. **騙子** (שַׁקְרָן): 就是 經常 **說謊** (שֶׁקֶר) 的人。
b. **膽小** 的人(פַּחְדָן): 容易 **恐懼害怕** (פַּחַד) 的人
c. **飽學** 之士 (לַמְדָן): 總是在 **研讀學習** (לָמַד) 的人
d. **好奇者** (סַקְרָן): 容易 **被引起好奇心** (סֶקְרָן) 的人
e. **紀念** (זִכָּרוֹן): 希望被大家永遠 **記得**(זָכַר) 的人事物

3. Nun (נ) 作為未完成式動詞「第一人稱複數 (**我們**) 」的人稱字首:
前文提過「**永恆、永遠** (נֵצַח)」這個名詞，它的字根 (נצח) 放到 piel 字幹動詞的結構會變成「**監督、監管** (נִצֵּחַ)」「眾人」之事或「公共」事務，演變到現代希伯來文(נִצֵּחַ) 這個動詞有「**贏、勝過**」和「**指揮**」交響樂團。

無論是「**監督、監管**」、「**贏、勝過**」和「**指揮**」，這些動詞背後隱含一個 **團體、群體** 的意志力，只有透過 **大家** 的「**同心協力、群策群力**」，上面這些動詞的行動才能被有效地去執行、貫徹、**經久地** 持續下去，直至完成。

因著 「(נֵצַח) 這個動詞」所具有「團結與共」的涵義，所以 Nun (נ) 就被拿來當作 希伯來文未完成式動詞「第一人稱複數 (**我們**) 」的人稱字首，例如:

我們 將去 (נֵלֵךְ)
我們 將來到 (נָבוֹא)
我們 將登上 (נַעֲלֶה)

這就有別於 Alef (א)，因為 Alef (א) 代表「單數的一」，所以 Alef (א) 就被拿來當

---

[5] Nun (נ) 這個字母「放在字尾」要變成「字尾變形(ן)」。

作 希伯來文未完成式 [6] 動詞「第一人稱單數 (我) 」的人稱字首，例如：

我 將去 (אֵלֵךְ)
我 將來到 (אָבוֹא)
我 將登上 (אֶעֱלֶה)

[6]「未完成式 (Imperfect) 」比較是聖經希伯來文的文法用語，其實它的型態就是現代希伯來文
  的動詞「未來式 (Future Tense)」。

Samekh ס

扶持、倚靠、四圍保護、環繞、住棚、封存

希伯來語的第十五個字母 Samekh (ס)，這個字母的基本含意和「意義圈」包括：
扶持、倚靠、四圍保護、環繞、住棚、封存、隱藏、奧秘。底下分成幾個路徑來
解說：

一、 Samekh (ס) 的「名字」及相近的讀音單字:

Samekh (ס) 這個字母的「名稱/名字」，如果用希伯來文的「字母和母音符號」
寫出來的話就是 (סָמֶךְ)，在這個名字的「讀音」裡面，看到有三個字母 (סמך)，
這三個字母同時也是「一個字根」，當動詞 (סָמַךְ) 讀音為 Samakh 意思就是「**扶
持、支持**」。[1]

詩篇 145:14、3:5、37:17：

> 『耶和華 **扶持 (סוֹמֵךְ)** 一切凡跌倒的。』

> 『我躺下，我睡覺，我醒著，
> 耶和華都 **扶持/保佑 (יִסְמְכֵנִי)** 我。』

> 『因為惡人的膀臂必被折斷；
> 但耶和華 **扶持 (סוֹמֵךְ)** 義人。』

二、 環繞、圍繞、四圍的 (סבב):

Samekh (ס) 這個字母的外型，狀似一個四面「**環繞圍住**」、「**全面包覆**」的城牆，
具有「**保護**」的作用。所以撒迦利亞書 2:5 （原文為 2:9）耶和華說：

> 『我要作耶路撒冷 **四圍環繞 (סָבִיב)** 的火城，
> 並要作其中的榮耀。』

---

[1] **(סָמַךְ)** 這個動詞在現代希伯來文還有「**信賴、倚靠**」的意思。因為，如果一個人是我長期的
「扶持者、支持者」，那我理當可以「**信賴、倚靠**」他。

『於是耶和華使他們從那裡 分散 (וַיָּפֶץ) [12] 在全地上；

他們就停工，不造那城了。

所以它的名字稱為 「巴別 (בָּבֶל) 」，

因為耶和華在那裡 「變亂 (בָּלַל) 」 全地的語言，

耶和華使他們從那裡 分散 (הֱפִיצָם) [13] 到全地面上。』

6. 破開、迸出、法勒斯，字根 (פרץ) [14]

創世記 38 章最後提到，猶大的兒婦: 她瑪生出一對孿生兄弟，本來是拉著紅線的謝拉會先出來，後來被 法勒斯 (פֶּרֶץ) 給先「破開、迸出、突破 (פרץ) 」出來，創世記 38:28-29：

『到生產的時候，一個孩子伸出一隻手來；

收生婆拿紅線拴在他 (謝拉) 手上，說：「這是頭生的。」

隨後這孩子 (謝拉) 把手收回去，他哥哥 (法勒斯) 生出來了；

收生婆說：「你為甚麼為你自己 先 破開 (פָּרַצְתָּ) [15] 一個 裂口 (פֶּרֶץ) 呢？」

因此給他起名叫 法勒斯 (פֶּרֶץ) [16]。』

7. 解開、解釋、解夢 (פָּתַר) [17] 、 解答 (פִּתְרוֹן)， 字根 (פתר)

來到創世記 40-41 章，記載約瑟「解夢」的恩賜，約瑟先是在監裡為酒政和膳長解夢，然後被提出監為法老「解夢」。

「解開、解釋、解夢 (פָּתַר) 」這個 paal 字幹動詞，以及夢的「解釋、解答 (פִּתְרוֹן)」這個名詞，在整本希伯來聖經中，只出現在創世記 40-41 章「約瑟解夢」的經文段落中。創世記 41:15：

『法老對約瑟說：「我做了夢，沒有人能 解 (פֹּתֵר) 它，

我聽見關於你，(有人) 說，你聽了夢就能 解 (לִפְתֹּר) 它。」』

---

[12] 「分散 (וַיָּפֶץ) 」是 Hifil 字幹動詞，型態為未完成式，但前綴有 Vav(ו) 的 時態反轉，所以變成「連續性過去式」。

[13] 「分散 (הֱפִיצָם) 」是 Hifil 字幹動詞，型態為完成式，後面帶有第三人稱陽性複數的人稱字尾。

[14] (פרץ) 這個字根在現代希伯來文還有小偷「破門闖入」、戰爭「爆發」、火山「噴發」的涵義。

[15] 「破開 (פָּרַצְתָּ) 」為 paal 字幹動詞，型態為完成式。

[16] 「法勒斯 (פֶּרֶץ)」的母音標註是停頓型，原型為(פֶּרֶץ)。

[17] (פָּתַר) 這個動詞在現代希伯來文意為「解決」問題、「解開」問題的癥結。

創世記 40:5：

> 『被囚在監之埃及王的酒政和膳長二人同夜各做一夢，
> 各夢都有 **講解 (פִּתְרוֹן)**。』

8. 解碼、解密 (פִעְנֵחַ)

在約瑟成功地幫法老「解開」夢的謎團和「闡明」寓意之後，『法老對臣僕說：「像這樣的人，有 上帝的靈 在他裏頭，我們豈能找得着呢？」又對約瑟說：「上帝既將這事 都指示你，可見沒有人像你這樣 有聰明有智慧。」創 41:38-39

然後，法老在創 41:45 給約瑟一個封號，叫「撒發那忒·巴內亞 (צָפְנַת פַּעְנֵחַ)」[18]，和合本中文聖經用「音譯」的方式翻譯這個名字，但根據猶太傳統解經，這個詞組的意思就是 「**解開-隱密事 (的人)**」，翻成英文為 **Interpreter of Secrets.**。意思是說，從約瑟的身上，可以得到「啟示和隱密事」的正確 **解釋** 和 **解答**。[19]

所以 「巴內亞 (פַּעְנֵחַ)」這個詞。在現代希伯來文就變成「**解碼、解密 (פִעְנֵחַ)**」的動詞，英文就是 **decipher, decode.**。

9. 拆開、碎開、瓦解，字根 (פרק)

金牛犢的鑄造，是從亞倫的「一道指示」開始的，出埃及記 32:2-3 這裡記載：

> 『亞倫對他們說：
> 「 **摘下 (פָּרְקוּ)** [20] 你們妻子、兒女耳上的金環，拿來給我。」
> 百姓就都 **摘下 (וַיִּתְפָּרְקוּ)** [21] 他們耳上的金環，拿來給亞倫。』

中文和合本聖經所翻譯的「**摘下**」這個動詞，希伯來文原文 (וַיִּתְפָּרְקוּ) (פָּרְקוּ) 的語意其實更強烈，也更具有畫面。當我們說，來「**拆解-分解**」一個物品，或是一個東西「**瓦解、崩裂、破碎**」，在希伯來文所用的動詞，就是經文中「**摘下**」的這個字，其字根為 (פרק)。

---

[18] 「撒發那忒 (צָפְנַת)」這個字裡面有「(צפן) 這個字根」意為「隱藏、隱密」。「撒發那忒·巴內亞 (צָפְנַת פַּעְנֵחַ)」這個詞組只在整本希伯來聖經出現過一次，就在創世記 41:45。

[19] 而約瑟也清楚知道，背後「解開」奧秘、真正「解夢」的那一位乃是耶和華神，所以約瑟才說『解夢不是出於上帝嗎？創 40:8 』。 及至約瑟被提出監，幫法老解夢時也說『這不在乎我，上帝必將平安的話回答法老。創 41:16 』。

[20] 「摘下 (פָּרְקוּ) 」是 piel 字幹動詞，型態為命令式。

[21] 「摘下 (וַיִּתְפָּרְקוּ) 」是 hitpael 字幹動詞，型態為未完成式，但前綴有 Vav(ו) 的 時態反轉，所以變成「連續性過去式」。

81

所以，當亞倫對百姓說，你們都「**摘下**」耳上的金環，這同時也就意味著: 你們把你們身上的「**榮耀**」，那剛才不久前，從西奈山所領受到的「**神聖和聖潔**」，給「**拆解**」下來。 而當以色列百姓準備要把這些金子「**摘下、拆開、解開來**」要做金牛犢的那一刻，以色列全體百姓的神聖和聖潔就瞬間「**瓦解、崩裂**」了，這就是出埃及記 32:3 所說:

『全體百姓就 **摘下** (וַיִּתְפָּרְקוּ)

直譯為: 全體百姓就 **瓦解、碎開、崩壞** 。』

出埃及記 32:3 這一節語意非常強烈的句子，一語雙關。

10. **鬆開、解開、放肆，** 字根 (פרע)

以色列百姓開始拜這隻金牛犢以後，這個「**瓦解、崩落**」的景象就是以一個 吃喝玩耍、**放縱、失序** 的混亂局面呈現出來。[22]

所以當摩西下山，本來應是興高采烈，帶著耶和華神指頭所寫的兩塊法版，要回到以色列營地中，但卻看見百姓 **放肆** (פָּרֻעַ)，出 32:25:

『摩西見百姓 **放肆** (פָּרֻעַ) [23]，

因亞倫 **縱容/ 鬆開** (פְרָעֹה) [24]，

使他們在起來攻擊他們的人中 被譏刺。』

放肆 (פָּרֻעַ) 這個希伯來文也是一個畫面感很強烈的字，意指 **亂七八糟、完全失控** 的意思，在現代希伯來文，當我們說這個人像個野人，**披頭散髮**，這個描述頭髮「**散亂**」的形容詞就是 (פָּרוּעַ) 這個字。

同樣的字在箴言 29:18 的經文中『沒有異象，民就 **放肆** (יִפָּרַע) 』的 **放肆** 也是同一字根的單字，但這裡是以 **nifal** 字幹動詞的形態出現，用更白話一點的句子來說，就是:『沒有異象，民就 **鬆開、散漫、胡來、失控**。』[25]

---

[22] 出埃及記 32:6。

[23] 「**放肆** (פָּרֻעַ) 」是 paal 字幹的被動分詞。

[24] 「**縱容/ 鬆開** (פְרָעֹה)」是 paal 字幹動詞，型態為完成式，後面帶有第三人稱陽性單數的人稱字尾。

[25] 箴言 29:18 後半句『遵守 **律法/妥拉** (תּוֹרָה) 的，這人有福。』

11. 分開、分成兩半、分蹄 ，字根 (**פרס**)

利未記 11 章，耶和華神頒布「潔淨」飲食條例的總則，利 11:3：

> 『凡 分-蹄 (**מַפְרֶסֶת- פַּרְסָה**) [26] 兩瓣、
> 倒嚼 (反芻) 的走獸，
> 你們都可以吃。』[27]

12. 解開、解明，字根 (**פרש**)

利未記 24 章開頭提到，有一個以色列婦人的兒子，父親是埃及人，這兒子和一個以色列人在營裏爭鬥，並且還褻瀆、咒詛神的名，於是有人把他送到摩西那裏，利未記 24:12：

> 『他們把那人收在監裏，
> 要得耶和華向他們所 指示/解開 (**לִפְרֹשׁ**) [28] 的話。』

因此，在現代希伯來文，(**פֵּרוּשׁ**) 一詞就是指對經文的「**闡明、解釋**」。

13. 「張開 (**פָּצָה**)」口、嘴巴 [29]

民數記 16 章記載，可拉一黨起來要反叛摩西，甚至招聚全會眾到會幕門前，要攻擊摩西、亞倫，但耶和華的榮光此時向全會眾顯現。神告訴摩西說『你們離開這會眾，我好在轉眼之間把他們滅絕。』然後，摩西對可拉一黨，以及全會眾說，民數記 16:30：

> 『倘若耶和華創作一件新事，
> 使地 開 (**וּפָצְתָה**) [30] 它的口，
> 把他們和一切屬他們的都吞下去，
> 叫他們活活的墜落陰間，
> 你們就明白這些人是藐視耶和華了。」』

---

[26] 「分-蹄 (**מַפְרֶסֶת- פַּרְסָה**)」的「分 (**מַפְרֶסֶת**)」是一個 hifil 字幹動詞，這裡的型態為主動分詞。「蹄 (**פַּרְסָה**)」是名詞。

[27] 關於「潔淨」飲食條例，另參《奧秘之鑰-解鎖妥拉:利未記》No.3 妥拉<第八日>篇之第四、五段文字信息「不是單靠食物」、「潔淨與不潔淨」，頁 41-47。

[28] 「指示/解開 (**לִפְרֹשׁ**)」是 paal 字幹動詞，型態為不定詞附屬形，前綴「介係詞 (**ל**)」，其實這種型態就是現代希伯來文的「原型動詞/不定詞」。

[29] 「(**פצה**) 這個字根」只出現在 paal 字幹動詞當中。

[30] 「開 (**וּפָצְתָה**)」型態為完成式，但前綴有 Vav(**ו**) 的 時態反轉，所以變成「連續性未來式」。

14. 恐懼、害怕，字根 (פחד) [31]

恐懼、害怕 是人最容易「**擴散、散開來**」的一種心理氛圍，例如歷代志下 17:10：

> 『 (對) 耶和華的 恐懼 (פַּחַד)
>
> 臨到猶大四圍所有的列國，
>
> 他們不敢跟約沙法打仗。』

---

[31] 「(פחד) 這個字根」出現在 paal, piel, hifil 這三種動詞字幹，當名詞為 (פַּחַד)。

Tsadi　צ

公義、獵捕、堅固要塞、磐石、形像、突出醒目之物

希伯來語的第十八個字母 Tsadi (צ)，這個字母的基本含意和「意義圈」包括:
公義、獵捕、堅固要塞、磐石、盾牌、形像、突出-醒目 之物如: **錫安、頂冠金牌、衣裳繸子**。底下分成幾個路徑來解說:

一、　Tsadi (צ) 的「名字」及相近的讀音單字:

1. Tsadi (צ) 這個字母的「名稱/名字」，如果用希伯來文的「字母和母音符號」寫出來的話就是 (צָדֵי)，與這個名字「相近的讀音」單字，叫 (צַדִּיק) 讀音 Tsadiq.
意思是「**公義的、公義的人**」。　例如詩篇 5:12、7:11:

> 『耶和華啊，祢必賜福與 **義人 (צַדִּיק)**；
> 祢必用恩惠如同 **盾牌 (צִנָּה)** 四面護衛他。』

> 『上帝是 **公義的 (צַדִּיק)** 審判者，
> 又是天天向惡人發怒的上帝。』

論到 **公義**，真正完全 **公義**、主持 **公義** 的，正是耶和華神自己，申 32:4:

> 『　祂是信實的上帝，沒有不義，
> 祂又 **公義 (צַדִּיק)**，又正直。』

如果這個世界「沒有公義」，沒有設立公平正義在人類的社會當中，那就會天下大亂，到處都會有「不法的事情」，人類的生存處境就如同在「野蠻世界」中，彼此「弱肉強食」，所以，人類的世界肯定需要「**固若金湯**」的 **公義**，肯定需要有一位「設立**公義**、維持**公義**」的上帝，而 **公義** 是神首要的屬性，詩篇 89:14:

> 『公義 **(צֶדֶק)** [1] 和 公平
> 是祢寶座的根基。』

---

[1] 「公義 **(צֶדֶק)**」是名詞，「公義的 **(צַדִּיק)**」是形容詞，兩字都有「同一個字根 **(צדק)**」

因此，神也要祂所創造的人「秉公行義」，追求 公義，唯有如此，人才能在所生活的土地上「安居樂業」，申命記 16:20：

> 『你要追求 公義 (צֶדֶק)，公義 (צֶדֶק)，好叫你存活，
> 承受耶和華—你上帝所賜你的地。』

上面申命記 16:20 的經文，為了強調 公義 的重要，公義 一詞還重複兩次。箴言 10:25 說到：

> 『暴風一過，惡人歸於無有；
> 義人 (צַדִּיק) 卻有 永久的根基。』

2. 第二個與 Tsadi (צ) 這個字母名字「相近的讀音」單字，叫 (צֵד) 讀音 Tsad. 意思是「打獵、獵捕」[2]。當名詞為「打獵、被獵捕的動物、野味 (צַיִד)」[3]、以及「食物 (צֵידָה)」[4]。

打獵 (צֵד)
公義 (צֶדֶק)

兩者「字義」看似毫無關聯，但如果從希伯來語來看，兩者有同樣的「字根組成」，顯見兩者背後有其「意義關聯」。

打獵 (צֵד) 和 公義 (צֶדֶק) 這兩個字有重疊的字根組成，這說明：當一個人能夠「打獵-獵捕 (完全的駕馭-控制)」自己 (過度的) 的慾望、不讓這個慾望繼續擴大發展成惡念、邪情私慾，亦即成為自己慾望的「馴獸師」，「馴服」自己的慾望，「獵捕、獵取」自己的慾望，這樣的人稱之為 公義、正義 的人 (צַדִּיק)。

二、 要塞-堅固之所 (מְצוּדָה)、 磐石 (צוּר)、 盾牌 (צִנָּה)：

從 Tsadi (צ) 這個字母的外型來看，在古希伯來文的象形圖案，它其實就是在描繪一條走向「堅固要塞」的曲折道路，雖然 艱困 (צָרָה) 曲折，但卻是一條成聖之路，成為 義人，走向 公義 的正確道路，是一條「滿有保障、被神堅固」的坦途，因為箴言 4:18 說：

---

[2] 「打獵、獵捕 (צֵד)」這個動詞，其字根為 (צוד)。

[3] 例如 創世記 25:27-28『以掃是一個善於 打獵 (צַיִד) 的人，常在田野……以撒愛以掃，因為常有 野味 (צַיִד) 在他(以撒)口裡。』

[4] 例如 出埃及記 12:39『他們用埃及帶出來的生麵團烤成 無酵餅，沒有發酵；因為他們被趕離埃及，不能耽延，也沒有為自己預備甚麼 食物 (צֵדָה)。』

『但 義人 (צַדִּיקִים) 的路 好像黎明的光，
越照越明，直到日午。』

義人的路，越走越穩固，因為這是一條走向「堅固營壘、固若金湯的要塞」之路。
如果說 公義 是人類生存、和世界平穩的保障，那麼，設立 公義、主持 公義，
使 公義 得以「持續存在」的正是耶和華神。詩篇91:2：

『我要論到耶和華說：
祂是我的避難所，我的要塞 (מְצוּדָתִי)，
我的上帝，我所倚靠的是祂。』

因此，設立 公義 的耶和華神，成為 義人「堅固要塞」的耶和華神，在經文中
就常常被比喻成堅固「磐石 (צוּר)」，例如詩篇31:2：

『求你側耳而聽，
快快救我！
求祢作我 堅固的 磐石 (צוּר)，
(作) 拯救我的 保障 (מְצוּדוֹת)！』

耶和華神也被比作「護衛」義人的「盾牌 (צִנָּה)」，詩篇 5:2、91:4：

『耶和華啊，祢必賜福與 義人 (צַדִּיק)；
祢必用恩惠如同 盾牌 (צִנָּה) 四面護衛他。』

『祂必用自己的翎毛遮蔽你；
你要投靠在祂翅膀底下，
祂的信實是大小的 盾牌 (צִנָּה)。』

三、 形象 (צֶלֶם)、 影子-遮蔭 (צֵל)、 比撒列 (בְּצַלְאֵל)：

以 Tsadi (צ) 這個字母起首的希伯來單字，第一次出現在整本聖經中的，就是
「形像 (צֶלֶם)」，創世記 1:26：

『上帝說：
「我們要照着 我們的形像 (צַלְמֵנוּ)、
按着我們的樣式造人」』

中文和合本聖經翻譯的「**形象 (צֶלֶם)**」英文 Image.，意思指的主要是「外在的」型態和模樣，在現代希伯來文 (צלם) 就是指「**拍照者**」，而同一字根 (צלם) 的另一個名詞 (מַצְלֵמָה) 就是「**照相機**」、當動詞「(צלם) **拍照**」。所以經文用 (צֶלֶם) 這個字來描述 人有神的「**形象**」，是一種很具象的表達手法，就好像是耶和華神，祂拿著相機，對著自己「自拍」，然後把拍出來的那個，我們說「照片裡的神的樣子」就當作是打造人的一個「模子」。

在神面前成為一個 **義人**，那就是要活出神的「**形像 (צֶלֶם)**」和樣式，要讓別人能從我們身上，看出上帝的「**影子 (צֵל)**」，並且我們也在上帝的「**遮蔭、蔭庇 (צֵל)** 」的保護之中。詩篇 17:8、121:5：

> 『求你保護我，如同(保護)眼中的瞳仁，
> 將我隱藏在你翅膀的 **蔭庇-蔭下 (צֵל)** [5]。』

> 『保護你的是耶和華；
> 耶和華在你右邊 **蔭庇你 /作你的影子-遮蔭 (צִלְּךָ)**。』

當你「**在神的影子**」中、「**在神的遮陰下**」的時候，你除了得蒙神堅實的保護之外，你還能看到神所要「**顯現-啟示**」給你的異象，正如 **比撒列 (בְּצַלְאֵל)**，被耶和華神選召出來，成為會幕的首席工匠設計師，出埃及記 31:1-5：

> 『耶和華曉諭摩西說：
> 「看哪，猶大支派中的…**比撒列 (בְּצַלְאֵל)**，我已經提他的名召他。
> 我也以我的靈充滿了他，使他有智慧，有聰明，有知識，能做各樣的工，
> 能想出巧工，用金、銀、銅製造各物，
> 又能刻寶石，可以鑲嵌，能雕刻木頭，能做各樣的工。』

比撒列 (בְּצַלְאֵל) 雖然從前「未曾看過」會幕裡所即將要打造的一切聖物和器具，但當他「**在造物主巨大的影子之中**」的時候，神會讓 **比撒列 (בְּצַלְאֵל)** 看到這些聖物和器具的影兒，心中就有具體的輪廓出現，知道要怎麼打造出會幕的所有物件，正如出埃及記 31:1-5 這段經文所說：『能作各樣的工』。

其實，**比撒列 (בְּצַלְאֵל)** 這個音譯的希伯來文名字的意思正好就是：「**在神的影子-遮蔭中**」 **In the Shadow of God**。
因為這個名字，就是由三個字組合而成的：

---

[5] 「**影子(צֵל)**」這個字在詩篇當中，經常被詩人比做上帝翅膀的「**遮蔭(צֵל)**」意指上帝的「保護與遮蓋」，見詩篇 36:7、57:1、63:7、91:1、121:5。

比撒列 (בְּ צֵל אֵל)

神(אֵל) -影子(צֵל) -在(בְּ)

四、 「突出、醒目」之物:

『公義 (צְדָקָה) 使邦國 高舉』箴言 14:34

『他們因祢的名終日歡樂，

　因 祢的公義 (וּבְצִדְקָתְ) 得以 高舉。』詩篇 89:16

Tsadi (צ) 這個字母還有一個意涵就是「**冒出、突出、使其醒目**」，被大家看見的
涵義，因此，下列舉例的幾個都以 Tsadi (צ) 這個字母「起首」的字詞，都會跟
「**突出、醒目**」的意思有關。

1. 冒出來、長出來、開花 (צֵץ):

(צֵץ) 這個 paal 字幹動詞的字典型即是由兩個 Tsadi (צ) 組合而成。 以賽亞書27:6、
民數記 17:8 (原文 17:23)：

『將來雅各要扎根，

　以色列要 **發芽開花** (יָצִיץ וּפָרַח) [6]，

　果實必遍滿世界的面。』

『第二天，摩西進到法櫃帳幕時，

　看哪，利未家亞倫的杖發了芽，

　長出花苞，**開了花** (וַיָּצֵץ צִיץ) [7]，結了熟杏。』

2. 長出、長起來，字根 (צמח):

「(צמח) 這個字根」在希伯來聖經中，出現在三個動詞字幹: Paal, Piel, Hifil.。當
名詞為土地中所「**長出來的、苗裔** (צֶמַח)」，例如: 耶利米書 23:5、33:15

---

[6] 這裡的 (יָצִיץ) 是 paal 字幹動詞，型態為未完成式。

[7] 這裡的 (וַיָּצֵץ) 為 hifil 字幹動詞，型態為未完成式，但前綴有 Vav(ו) 的 時態反轉，所以變
　成「連續性過去式」。

『這是耶和華的話語：「看哪，日子將到，
我要為大衛興起一個 公義的苗裔 (צֶמַח צַדִּיק)；
他必掌王權，行事有智慧，
在地上施行公平和 公義 (צְדָקָה)。」

『當那日子，那時候，
我要使 大衛 興起-長出 (אַצְמִיחַ) [8] 一個 公義的苗裔 (צֶמַח צְדָקָה)；
他必在地上施行公平和 公義 (צְדָקָה)。』

3. 字根 (צין)：

這個字根，當動詞 (צִיֵּן) 在現代希伯來文的意思就是：**特別指出、特別提到-標示出** (重要的人事物)，為要讓所有人都知道、看到。所以「**突出、傑出的**」形容詞叫 (מְצֻיָן)。

一個被耶和華神「特別標示出來」的地方：耶路撒冷，也就是「**錫安 (צִיּוֹן)**」，這裡是耶和華神「**立為祂名的居所**」之所在地 [9]。下面列舉的經文，都提到了耶和華神在 **錫安/耶路撒冷** 的事實：

『耶和華在 **錫安 (צִיּוֹן)** 為大；
他超乎萬民之上。』詩篇 99:2

『因為耶和華建造 **錫安 (צִיּוֹן)**，
在祂的榮耀裡顯現。』詩篇 102:16

『因為耶和華揀選了 **錫安 (צִיּוֹן)**，
喜愛以她 (錫安) 為自己的居所，』詩篇 132:13

『從 **錫安 (צִיּוֹן)** 來的耶和華，是應當稱頌的。
祂就住在耶路撒冷，
你們要讚美耶和華！』詩篇 135:21

最後就是以賽亞書 2:3 的這段經文：

---

[8] 「我要使…長出(אַצְמִיחַ)」為 hifil 字幹動詞，型態為未完成式。

[9] 同參《奧秘之鑰-解鎖妥拉:申命記》No.4 妥拉<看哪>篇之第二段文字信息「立為祂名的居所」，頁 43-46。

『必有多國的民前往，他們說：

「來吧，讓我們登耶和華的山，上到雅各上帝的殿。

祂必將祂的道 指教我們，讓我們 行祂的路吧；

因為妥拉 出於 錫安 (צִיּוֹן)，

耶和華的言語 出於 耶路撒冷。」[10]』

4. 大祭司的「頂冠金牌、面牌 (צִיץ)」：

這塊大祭司戴在額頭上的頂冠金牌，記載在出埃及記 28:36-38，耶和華神對摩西說：

『「你要用 精金 做一 面牌 (צִיץ)，

在上面按刻圖書之法刻着『歸耶和華為聖』。

這牌要常在他的額上，使他們 (以色列百姓) 可以在耶和華面前蒙悅納。」』

這塊配戴在大祭司額頭上的「純金面牌 (צִיץ זָהָב טָהוֹר)」之所以要用「閃爍耀眼」的精金打造，並且還刻上『歸耶和華為聖 (קֹדֶשׁ לַיהוָה)』的字樣，目的就是要「凸顯、突出、標誌出」大祭司 神聖的職分 [11]，並且讓所有以色列百姓「都看到」大祭司 (必須具備) 的完全聖潔，因為大祭司「肩負」全體以色列百姓的過犯罪孽，成為一個「中保」[12]，來到神的面前，替百姓代贖。

5. 衣裳繸子 (צִיצִת)：

相較於大祭司的「面牌(צִיץ)」這個「繸子-流蘇 (צִיצִת)」 也有人說是每個以色列人配戴的「小聖牌」，其實這兩個字基本上是一樣的：

面牌 (צִיץ)

繸子 (צִיצִת)

因為配戴這個「醒目的」衣裳繸子，目的就是要以色列人看見這條釘上一根藍細帶子的 繸子，就會時刻被提醒，要遵行耶和華一切的命令，不隨己意、自己的眼目去行邪淫。[13] 民數記 15: 38-40 耶和華對摩西說：

---

[10] 許多的妥拉卷軸上都會繡上這句『因為妥拉出於 錫安，耶和華的言語出於耶路撒冷。』

[11] 同參《奧秘之鑰-解鎖妥拉:出埃及記》No.8 妥拉<吩咐/命令>篇之第三段文字信息「聖衣的預表」，頁 121-123。

[12] 同參《奧秘之鑰-解鎖妥拉:利未記》No.1 妥拉<祂呼叫>篇之第四段文字信息「作為中保的大祭司」，頁 10-12。

[13] 同參《奧秘之鑰-解鎖妥拉:民數記》No.4 妥拉<打發>篇之第五段文字信息「衣裳繸子」，頁 53-54。

『你吩咐以色列人，叫他們世世代代在衣服邊上做 繸子(צִיצִת)，
又在底邊的 繸子(צִיצִת) 上釘一根藍細帶子。你們佩帶 這繸子(צִיצִת)，
好叫你們 看見 就記念遵行耶和華一切的命令，
不隨從自己的心意、眼目行邪淫，像你們素常一樣；
使你們 記念遵行我一切的命令，成為聖潔，歸與你們的上帝。』

Quf ק

「兩極」轉換的中間點、範圍、邊界、分別出來、神聖

希伯來語的第十九個字母 Quf (ק)，這個字母的基本含意和「意義圈」包括：
「兩極」轉換的中間點、範圍、邊界、分別出來、神聖。底下分成幾個路徑來解說：

一、 Quf (ק) 的「名字」及相近的讀音單字:

Quf (ק) 這個字母的「名稱/名字」，如果用希伯來文的「字母和母音符號」寫出來的話就是 (קוף)，與這個名字「相近的讀音」單字，叫 (קוף) 讀音 Qof. 意思有兩個:「**猿猴**」和「**針線孔**」。 「**猿猴**」和「**針線孔**」這兩個涵義，表達出了 Quf (ק) 這個字母的「兩極性」。

「**針線孔 (קוף)**」的兩極即是由這一「極小的孔洞」分隔成兩個極端，經由這個孔洞，這個「一線之隔/一孔之隔」 可以從一個極端 到 另一個極端，譬如:
『從 **神聖 (קדוש)** 到 褻瀆』、
『從 人類 到 **猿猴 (קוף)** 』。

人本是按著神的形象和樣式造的,但如果人「丟棄」神的形象和樣式,偏行己路,拜偶像,行邪淫,專做背逆神的事,那人就變成了動物,按照猶太口傳的解經,人變成了一種「似人」卻「非人」的動物: **猿猴 (קוף)**。

按照猶太口傳的解經,人類歷史上有兩次 人 變成 **猿猴 (קוף)** 的紀錄,一次是以挪士 的時代,因為那個世代的人,開始用「**自己人意**」的方式來敬拜神,譬如: 造一尊像就說這是神,或者,用一些偉人或天體 (例如太陽、月亮) 來比擬神的形象和特性,或者,用廟妓淫亂、殺嬰獻祭的方式來敬拜神……等等,用這些「人所發明」的種種形式和活動來敬拜耶和華。結果,神讓這些造偶像、拜偶像的人變成了 **猿猴 (קוף)**。[1]

另一次人 變成 **猿猴 (קוף)** 的紀錄,是發生在巴別塔建造的那個世代,那些實際參與建造巴別塔,並且想要傳揚人的名的人,有一部分的人變成 **猿猴 (קוף)**。

---

[1] 另參《奧秘之鑰-解鎖妥拉:創世記》No.1 妥拉<在起初>篇之第五段文字信息「人的終結」,頁 15-17。

二、 範圍-邊界 (הֶקֵּף)、 成聖-聖潔 (קָדוֹשׁ): [2]

Quf (ק) 這個字母的一個基本涵義是 **範圍-邊界** (הֶקֵּף)，所以，以 Quf (ק) 這個字母「起首」的一個最具代表性的希伯來單字就是: **成聖-聖潔** (קָדוֹשׁ)。

成聖 的具體意涵為『**分別出來，在四圍設立界線、劃定範圍。** 』

而昔日的猶太先賢從希伯來文的字詞和字母排序的暗示當中，領會到，**成聖** 就是「**設立界線**」，出埃及記 19:23：

『要在「山」的四圍 定界限，叫山成「聖」。』

הַגְבֵּל אֶת-הָהָר וְקִדַּשְׁתּוֹ

首先，山(הר)，和 聖的 (קדוש) 兩字的希伯來文，透過其字母的組成「順序」來說明，在「山」的四圍「立界限」，就很自 (字) 然地，使山變成「聖的」。因為 山 (הר) 這個字的第一個字母 He (ה) 若按照希伯來字母順序來說， He (ה) 的「前一個」字母 Dalet (ד)，「後一個」字母是 Vav (ו)。而 山 (הר) 的第二個字母 Resh (ר) 若按照希伯來字母順序來看，Resh (ר) 的「前一個」字母是 Quf (ק)，「後一個」字母是 Shin (שׁ)。然後，就會看到 山(הר) 這個字 的「四圍」正好被這「四」個字母 (ק-ד-ו-ש)「圍」起來，而成為「聖的」(קדוש)。

昔日的猶太賢哲從這節經文中領會到，所謂的「**成聖**」，其實正好就是「**在四圍設立界限**」。

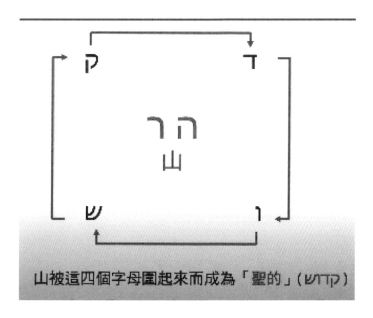

山被這四個字母圍起來而成為「聖的」(קדוש)

---

[2] 本段文字引自《奧秘之鑰-解鎖妥拉:利未記》No.7 妥拉<成聖>篇之第一段文字信息「邁向成聖」，頁 100-101。

三、 「成聖-聖潔 (קדש, קדוש)」的拼寫: [3]

在希伯來文的字詞中，有兩種拼寫方式: 第一種叫「完全拼法」Full Spelling，第二種叫「不完全拼法」Defective Spelling，

以 成聖 這個字來作為一個例子，若是用「完全拼法」寫出來 (קדוש)，是有四個字母，分別是(ק.ד.ו.ש)。若用「不完全拼法」來書寫則是(קדש) 當中只有三個字母，就是(ק.ד.ש)

把這兩個字 (קדש, קדוש) 對照一下，可以看到，在「不完全拼法」裡面，**聖潔** 的這個希伯來字，中間的 **Vav (ו)** 這個字母不見了，只留下 **Vav (ו)** 這個字母頭上的小點，就是希伯來語裡面的「母音」符號，一個發「歐」O 的母音。

在利未記的希伯來原文中，我們會發現到，有時 **聖潔的** 這個字會以「**完全拼法**」出現，有些時候又會以「**不完全拼法**」出現，至於為什麼會有這樣「拚寫差異」的現象，下文會說明，我們先簡述一下利未記的內容:

整本利未記所談的，不外乎就是「**分別**」、「**聖潔**」的概念。耶和華神，將以色列百姓領出埃及，然後很快的，在曠野的第二年，就照耶和華神的吩咐，把 **會幕** 建造、豎立起來，接下來耶和華神就告訴以色列百姓，要透過「**獻祭-贖罪**」的方式，才能得「**潔淨**」，才能來到這位「**聖潔**」的神的面前。

有了會幕，百姓也透過「**獻祭-贖罪**」來潔淨自我，那接下來，就是要展開一趟長遠而宏大的 **成聖** 之旅。所以後面，耶和華神就制定許多的律法、條例、典章……等等，目的是要讓以色列民 **成為聖潔**，成為在萬國中「**被選召**」出來，特作「耶和華神的子民」的楷模和樣板。

因此，在利未記裡面，常常出現的「鑰句」(**Key Sentense**) 就是:

『所以你們要 聖潔，因為我是 聖潔的。』[4]
וִהְיִיתֶם קְדֹשִׁים כִּי קָדוֹשׁ אָנִי

在整本利未記裡面，只要是寫到你們 (這些以色列百姓) 要 **聖潔** 時， **聖潔** 這個字都是以「**不完全拼法**」來抄寫的；而在抄寫因為我 (耶和華神) 是 **聖潔** 的，卻是以「**完全拼法**」寫出來。

---

[3] 本段文字引自《奧秘之鑰-解鎖妥拉:利未記》No.7 妥拉<成聖>篇之第四段文字信息「成聖的拼寫」，頁 107-109。

[4] 利未記 11:44, 11:45, 19:2, 20:26。

當前面在說「你們(百姓)要 聖潔」(וְהִיִיתֶם קְדֹשִׁים) 時，這邊 聖潔 這個字，是「不完全」拼法，中間缺少了 Vav (ו) 這個字母，因此寫成 (קְדֹשִׁים)。後面說，「我耶和華是 聖潔的」(כִּי קָדוֹשׁ אָנִי)， 聖潔 這個字卻是以「完全」拼法出現，注意到中間有 Vav (ו) 這個字母，故寫成 (קָדוֹשׁ)。

為什麼 聖潔 的拼寫會出現「不完全」的拼法，和「完全」的拼法，因為：

人的 聖潔　是 (קָדֹשׁ)，是 不完全的，
神的 聖潔　是 (קָדוֹשׁ)，是 完全的。

昔日抄寫利未記的文士們所要表達的意思，就是：雖然人按照神的形象和樣式所造，本有神榮美的本像，但因為人 犯罪，「虧缺」神的榮耀，所以說，人的神聖和聖潔「始終無法達到」像上帝的聖潔那樣完美、整全的神聖。這就是羅馬書 3:23 節所說：

> 『因為世人都犯了罪，**虧缺了** 神的榮耀。』

從 聖潔 的這個希伯來文字的「完全」拼法，和「不完全」拼法，以及利未記這一節重點鑰句的經文：『你們要 聖潔，因為我是 聖潔的 』的例子，讓我們知道，在人生信仰的 成聖 道路中，不可能「一天」就 成聖 ，我們乃是「一生」都要努力地去追求、去達成，「一輩子」都要去履行-實踐「成為 聖潔」，以致可以「天天活出」神榮美的樣式。利未記 20:7-8：

> 『所以你們要將 自己分別為聖 (וְהִתְקַדִּשְׁתֶּם)，
> 你們務要 聖潔 (קְדֹשִׁים)，
> 因為我是耶和華－你們的上帝。
> 你們要謹守遵行我的律例；
> 我是 叫你們成聖的 (מְקַדִּשְׁכֶם) 耶和華。』[5]

---

[5] 經文中的「自己分別為聖 (וְהִתְקַדִּשְׁתֶּם)」、「聖潔 (קְדֹשִׁים)」、「叫你們成聖 (מְקַדִּשְׁכֶם)」這三個希伯來字的字根都是 (קדשׁ)

四、「分別出來 (קדש)」的「兩極 (קדוש , קדש)」：

人的『善與惡、正與邪、神聖與墮落、潔淨與不潔淨』，有時僅是「一線之隔」
正如前文所述，Quf (ק) 這個字母具有一種「兩極性」，是「兩極」轉換的中間點，
這種兩極正好體現在「字根 (קדש)」上面。

「字根 (קדש)」的基本涵義就是「分別出來」：
1. 人若把自己「分別出來」歸給 上帝，那稱之為「神聖-聖潔 (קדוש)」，
2. 人若把自己「分別出來」歸給 偶像，那稱之為「男倡-廟妓 (קדש)」。

上面看到，「(קדש) 這個字根」有這「兩極」的涵義：
1. 聖潔的男人 (קדוש)、聖潔的女人 (קדושה)
2. 神廟的男倡 (קדש)、 神廟的妓女 (קדשה)

之所有這「兩極性」的意涵，端看你把自己「分別出來」，「權柄歸屬的對象」是
「歸給誰」。申命記 23:17，耶和華神吩咐摩西曉諭以色列人說：

> 『以色列的女子中不可有 廟妓女 (קדשה)；
> 以色列的男子中不可有 神廟的男倡 (קדש) 。』

以色列鄰近的迦南外邦，在他們的異教崇拜文化中，例如:「巴力、亞斯她錄」
等等的偶像，在這些偶像的神廟中，都有給來到神廟中參與宗教活動的朝聖者、
信眾提供性服務，甚至在這些偶像崇拜的「祭祀儀式」中，本身就有性活動的過
程在其中。

當以色列的女子把自己「分別出來」獻給偶像，
那她就不是 聖潔的女人 (קדושה)
而是 廟妓女 (קדשה)。

同樣的，當以色列的男子把自己「分別出來」獻給偶像，
那他就不是 聖潔的男人 (קדוש)
而是 神廟的男倡 (קדש)。

出埃及記 19:6、利未記 20:26，耶和華神說：

> 『你們要 歸我 作祭司的國度，為 聖潔的 (קדוש) 國民。
> 你們要 歸我 為 聖 (קדשים)，因為我－耶和華是 聖的 (קדוש)，
> 並叫你們與萬民有分別，使你們 作我的民。』

五、親近 (קָרַב)、牲祭 (קָרְבָּן)、獻祭 (הַקְרִיב)、戰爭 (קְרָב)，字根 (קרב):[6]
一個人要能夠「成聖」、成為「聖潔」的必要前提就是:

1. 要有想要「親近 (קָרַב)[7]」神的意願、
2. 帶著「牲祭-供物-禮物 (קָרְבָּן)」來到神面前、
3. 把禮物「獻給 (הַקְרִיב)[8]」上帝。

所以，從希伯來文字來看，「獻祭 (הַקְרִיב) - 犧牲 (קָרְבָּן)」的字根 (קרב)，其意思正好就是「親近 (קָרַב)」to come near. 這就清楚表明，人唯有藉著「認罪-贖罪」才能「來到」神的面前、才能成為「聖潔 (קָדוֹשׁ)」。

而昔日以色列百姓「獻祭、贖罪」的地方在會幕。因著你所犯的罪，必須要把你從小細心呵護養到大的這頭牛、或是一隻羊，帶到會幕，給祭司「屠宰」，當這頭牲畜在你面前哀號、流淚、掙扎、全身抽搐，到最後 流血、死亡，將牠放在祭壇上 燒盡 時，你完全可以體會和感受到這頭牛和這隻羊的痛苦，而這就是「罪的代價」，一個無辜的生命「代替」你死，為你「償還」罪價。所以，會幕就像一個「血腥的戰場」，是處理人「罪孽的戰場」、是你自己「與罪惡的 戰爭(קְרָב)」。

六、第一次出現在聖經中的單字:
以 Quf (ק) 這個字母起首的希伯來單字，第一次出現在整本聖經中的，就是「稱、稱之為 (קָרָא)」，創世記 1:5:

『上帝 稱 (וַיִּקְרָא) 光 為 晝，
稱 (קָרָא) 暗 為 夜。
有晚上，有早晨，這是頭一日。』

神透過話語的「稱呼 (קָרָא)」，就把祂所造的這個物質:光，和白晝聯繫在一起，亦即 把光的概念和具體表現給『 劃定界線、定調、規範下來 』。

---

[6] 親近 (קָרַב)、牲祭 (קָרְבָּן)、獻祭 (הַקְרִיב)、戰爭 (קְרָב) 前述這四個希伯來字詞，皆出現在希伯來聖經中，礙於本文篇幅，這裡就不一一列舉經文範例。

[7] 「親近 (קָרַב)」是 paal 字幹動詞。

[8] 「獻祭 (הַקְרִיב)」是 hifil 字幹動詞。

Resh ר

頭、首領、看、神-自然界「權柄」的展現、惡人

希伯來語的第二十個字母 Resh (ר)，這個字母的基本含意和「意義圈」包括:
**頭、首領、首先的、看、神「權柄」的表現: 牧羊人、醫治、有憐憫的、吹角。
自然界「權柄-威力」的展現: 雷轟、地震、颶風。惡人。**底下分成幾個路徑來
解說:

一、 Resh (ר) 的「名字」及相近的讀音單字:

1. Resh (ר) 這個字母的「名稱/名字」，如果用希伯來文的「字母和母音符號」寫
出來的話就是 (רֵישׁ)，與這個名字「相近的讀音」單字，叫 (רֹאשׁ) 讀音 Rosh. 意
思: **頭、首位** 和 **領導者**。 譬如申命記 28:13:

> 『你若聽從雅威—你上帝的誡命，
> 就是我今日所吩咐你的，謹守遵行，
> 耶和華就必使你作 **首 (רֹאשׁ)** 不作尾，
> 但居上不居下。』

民數記 14 章記載，當十個探子回來報惡信之後，以色列人「信心潰散」，想走回
頭路，回埃及去，民數記 14:4:

> 『於是他們彼此說:
> 「我們立一個 **首領 (רֹאשׁ)** 回埃及去吧! 」』

2. **起頭、起初、首先 (רֵאשִׁית)**:

同樣由「(רֹאשׁ) 這個字根」構成的單字就是 「**起頭、起初、首先 (רֵאשִׁית)**」
這個名詞，以 Resh (ר) 這個字母起首的字，第一次出現在聖經中的，就是這個
字，創世記 1:1:

> 『 在 **起初 (רֵאשִׁית)** [1]，神創造天地。』

---

[1] 因為希伯來文「單字母的介係詞」都會和後面的字詞「合寫」，所以希伯來原文的「在(בְּ)」
起初 (רֵאשִׁית) 是寫在一起的，變成「**在起初 (בְּרֵאשִׁית)**」。

3. 第一的、首先的 (רִאשׁוֹן):

同樣也是由「(רֹאשׁ) 這個字根」構成的另一個單字是「第一的、首先的 (רִאשׁוֹן)」
這個形容詞，以賽亞書 44:6：

> 『耶和華－以色列的君王，
> 以色列的救贖主－萬軍之耶和華如此說：
> 我是 首先的 (רִאשׁוֹן)，我是末後的；
> 除我以外 再沒有 真神。』

4. 看、看見 (רָאָה):

眼睛，這個負責視覺的「看 (רָאָה)」這個器官，被放在「頭部 (רֹאשׁ)」，並且人
感知、接收外在事物的「首要的 (רִאשׁוֹן)」器官也是透過「看」這個動作，所以
「看 (רָאָה)」這個動詞由 Resh (ר) 這個字母起首構字，並且前「兩個字根 (רא)」
和「頭 (רֹאשׁ)」一樣。 經文舉例，例如在出埃及記 3:7 提到，耶和華神實際地
「看見」以色列人在埃及被奴役所受的折磨、痛苦：

> 『耶和華說：
> 我 實在看見 (רָאֹה רָאִיתִי) [2] 我的百姓在埃及(所受)的困苦 』

二、 耶和華神「權柄、領導」的體現:

如前文所述，Resh (ר) 這個字母的基本涵義為「頭、首位 和 領導者」，因此下
列幾個以 Resh (ר) 起首的字詞和字義，正表現出神的「權柄、領導」：

1. 牧羊人 (רֹעֶה)、 牧羊-牧養 (רָעָה)

牧羊人必須「帶領、帶頭領導、引導」羊群前面的道路和方向，大衛的詩篇就把
耶和華神比做 牧羊人，詩篇 23:1：

> 『耶和華是 我的牧者 (רֹעִי)
> 我必不致缺乏。』

(רעה) 這個字根當動詞，就是「牧羊-牧養 (רָעָה)」，例如詩篇 28:9、箴言 10:21：

---

[2] 出埃及記 3:7 這裡的「實在看見」(רָאֹה) 這個動詞重複出現兩次，前面是「(רָאֹה) 不定詞絕
對型」，後面是「(רָאִיתִי) 動詞完成式」，在聖經希伯來文裡，經文若為了要「特別強調」這個
動作，就會使用這樣的修辭方式。

『求祢拯救祢的百姓，賜福給祢的產業，

求祢 **牧養他們 (וּרְעֵם)**，扶持他們，直到永遠。』

『義人的口 **教養 (יִרְעוּ)** 多人；

愚昧人因無知而死亡。』

2. **醫治 (רפא)** [3]:

生病尋醫，病患都會希望能找到當科的「**權威-首席**」醫師，而真正能「**醫治**」
人的身心靈全部的那一位，是上帝，出埃及記 15:26：

『你若留意聽耶和華—你上帝的聲音，

行祂眼中看為正的事，

留心聽祂的誡命，守祂一切的律例，

我所加與埃及人的疾病，

就不會加在你身上，

因為我—耶和華是 **醫治你 (רֹפְאֶךָ)** 的。」』

3. **憐憫 (רֶחֶם)**、 **憐恤的 (רַחוּם)**、**子宮 (רֶחֶם)**，字根 (רחם):

耶和華是有 「**憐憫的 (רַחוּם)**」 神，神 **憐憫** 的性情就好像慈母一般，總是能
對祂悖逆的子民 網開一面，並且這股「憐恤的力量」如同「**子宮 (רֶחֶם)**」，是
能帶來、創造出新生命的。當然，神也有權柄，要憐憫誰，就憐憫誰。出埃及記
33:19、34:6、申命記 4:31：

『我要恩待誰就恩待誰，

要 **憐憫 (וְרִחַמְתִּי)** 誰　就 **憐憫(אֲרַחֵם)** 誰。』

『耶和華，耶和華，**有憐憫 (רַחוּם)** 有恩典的上帝，

不輕易發怒，並有豐盛的慈愛和誠實，』

『耶和華—你的上帝是 **有憐憫的 (רַחוּם)** 上帝；

祂總不撇下你，不滅絕你，也不忘記

祂起誓與你列祖所立的約。』

---

[3] 醫治 **(רפא)** 這個字根在聖經希伯來文，出現在 paal, piel, nifal, hitpael 這四個動詞字幹當
中。出埃及記 15:26 這裡的醫治 為 paal 字幹的主動分詞。

4. 神的「悅納、意願、旨意 (רָצוֹן)」：
詩篇 40:8：

> 『我的上帝啊，
> 我樂意照 祢的旨意 (רְצוֹנְךָ) 行；
> 祢的律法/妥拉 在我心裏。』

意願、旨意 (רָצוֹן) 這個字，在現代希伯來文有「**意志、意志力**」的涵義。當一個人起心動念想要實現-完成一件事的時候，最「**首要**」的前提是: 要有鋼鐵般的「**意志 (רָצוֹן)**」。

5. 吹角「字根 (רוע)」：
利未記 23:23-24：

> 『耶和華對摩西說：「你曉諭以色列人說：
> 七月初一，你們要守為聖安息日，
> 要 吹角 (תְּרוּעָה) 作紀念，當有聖會。』

在希伯來聖經裡面，**吹角**，有好幾種功能 [4]，其中之一就是 當以色列的 **新王登基即位** 時要 **吹角** 宣告，以及預告 **末後，耶和華的日子** 即將來到，約珥書 2:1：

> 『你們要在錫安 吹角，在我 聖山 吹出大聲 (הָרִיעוּ) [5]。
> 國中的居民都要發顫；
> 因為 耶和華的日子 將到，已經臨近。』

6. 拉比、教師 (רַב)
教導神的律法/妥拉、神話語的「權威」老師被稱為 **拉比、教師 (רַב)**，耶穌也曾被門徒們稱呼為 **拉比、教師 (רַב)**，馬可福音 9:5：

> 『彼得對耶穌說：「**拉比**，我們在這裡真好！可以搭三座棚：
> 一座為你，一座為摩西，一座為以利亞。」』

---

[4] 另參《奧秘之鑰- 耶和華的節期》<吹角節綜論>，頁 111-114。
[5] (הָרִיעוּ) 是 (תְּרוּעָה) 的動詞型態，字根都是 (רוע)。

1. 雷轟 (**רעם**)，這個字根在聖經希伯來文可以當動詞、和名詞，當動詞如撒母耳記上 2:10：

『與耶和華爭競的，必被打碎；
耶和華必從天上 **雷轟 (יַרְעֵם)** [6] 他，
必審判地極的人，』

當名詞，如詩篇 77:18：

『祢的 雷 (**רַעַמְךָ**) 聲在旋風中，
閃電光照世界，
大地 顫抖(**רָגְזָה**) 震動(**וַתִּרְעַשׁ**)。 』

2. 地震 (**רָעַד**)，例如 詩篇 104:32：

『祂看地，地便 震動 (**וַתִּרְעָד**)；
祂摸山，山就冒煙。』

現代希伯來文的「**地震**」叫做 (**רְעִידַת אֲדָמָה**)

3. 大風 (**רוּחַ**): 例如出埃及記 14:21 提到「紅海/蘆葦海 分開」的景象：

『摩西向海伸杖，
耶和華便用 大東風 (**רוּחַ**)，使海水一夜退去，
水便分開，海就成了乾地。 』

四、 惡人 (**רֶשַׁע**)、 惡的 (**רַע**)、 騷亂 (**רַעַשׁ**):

前文提過，Resh (**ר**) 這個字母的基本涵義為「**頭、領導者**」。人可以「帶頭」做好榜樣，但也可以「帶頭」作亂作惡，並對周遭環境及其身旁的人帶來負面、巨大的影響，所以幾個以 Resh (**ר**) 字母起首的單字，從其「負面」的意涵來看，就有：

惡人 (**רֶשַׁע**)、 惡的 (**רַע**)、 騷亂(**רַעַשׁ**)

---

[6] 雷轟 (**יַרְעֵם**) 是 hifil 字幹動詞 未完成式型態。

103

1. 惡人 (רָשָׁע)，例如在民數記 16 章記載，由可拉一黨人所發起對摩西的叛變，可拉的叛黨給以色列內部造成「巨大的分裂和傷害」，所以在民數記 16:26 耶和華吩咐摩西對以色列百姓說：

『你們離開 這些惡人(הָרְשָׁעִים) 的帳棚吧，
他們的物件，甚麼都不可摸，
恐怕你們陷在他們的罪中，與他們一同消滅。』

2. 騷亂 (רַעַשׁ)，例如 耶利米書 10:22：

『有風聲！看哪，來了！
有 大擾亂 (רַעַשׁ) 從北方而來，(指巴比倫)
要使猶大的城邑變為廢墟，
成為野狗的住處。』

一個和諧的群體內部若有「不和諧的」聲音稱為「騷亂」，在現代希伯來文(רַעַשׁ)意思就是「吵雜、噪音」。

3. 惡的 (רַע)，例如列王記上 14:22：

『猶大人行耶和華眼中看為 惡的 (הָרַע) 事，
犯罪觸動祂的憤恨，比他們列祖更甚。』

在列王記、和歷代志的書卷裡，當經文要對一個王作出蓋棺論定的總結評價時，若是「壞王、惡王」，那就一定會出現這樣的句子：

『他行雅威眼中看為 惡的 (הָרַע) 事。』

五、 在抄本中「被放大的」Resh (ר):
上文提到，以色列的王「帶頭」行耶和華眼中看為 惡的 (רַע) 事，這個惡事最主要就是「帶領全國」去拜偶像、拜「別的、其它的 (אַחֵר)」神，出埃及記 34:14：

『不可敬拜 別的 (אַחֵר) 神；
因為耶和華是 忌邪的 上帝，名為 忌邪者。』

在整本希伯來聖經的抄本中，只有一處 Resh (ר) 被抄寫得特別大，這個「**被放大的、醒目的 (ר)**」就出現在 出埃及記 34:14 這節經文中「**別的 (אַחֵר) 神**」的「**別的、其它的 (אַחֵר)**」這個形容詞。

把這個(ר)寫得特別大，用意是在「**警戒、警告**」以色列人，切勿離開耶和華神，去拜「**別的、其他的**」神，因為這在耶和華眼中就是被看為「**惡的 (רַע)**」事。

這就對比於申命記 6:4 節的：

> 『**聽啊 (שְׁמַע)**，以色列！
> 耶和華是我們的上帝，
> 耶和華是 **獨一(אֶחָד)**。』

幾乎所有抄本都會把第一個單字「**聽啊 (שְׁמַע)**」的最後一個字母(ע) 寫得比較大一點，然後也會把最後一個單字「**獨一、一(אֶחָד)**」這個字的最後一個字母 (ד) 寫得比其他字母來的大一點。那是因為，把這兩個字母「合寫」在一起就會成為另一個新的單字:「**見證者、見證 (עֵד)**」。

「**獨一 (אֶחָד)**」真神；
「**別的 (אַחֵר)**」偶像

透過分別被放大的這兩個字母: dalet(ד)、和 Resh (ר) ，神要以色列人「**清楚區別出**」真神 和 假神，不要被迷惑。

Shin שׁ

牙齒、神的護衛-保守、神的名號-所在、神的權柄、劇烈改變的動作

希伯來語的第二十一個字母 shin (שׁ)，這個字母的基本含意和「意義圈」包括：
牙齒、神的「護衛-保守」、神的「名號-所在」、神的「權柄」展現、「劇烈改變」
的活動。底下分成幾個路徑來解說：

一、 shin (שׁ) 的「名字」及相近的讀音單字:
1. shin (שׁ) 這個字母的「名稱/名字」，如果用希伯來文的「字母和母音符號」寫
出來的話就是 (שִׁין)，與這個名字「相近的讀音」單字，叫 (שֵׁן) 讀音 shen. 意
思: **牙齒**。

「**牙齒 (שֵׁן)**」 的功能，就是「咀嚼-刺透」食物，「**澈底改變**」食物的原形，讓
食物變成可以被吸收的樣態，以取得它的營養。

2.「**牙齒 (שֵׁן)**」的「字根 (שׁנן)」，這個字根當動詞就是「**刺透-刺進**」、「**使..磨
的更銳利**」，英文 sharpen.。 (שׁנן) 這個動詞字根出現在申命記 6:7 摩西對以色
列百姓說的「**殷勤教導 (וְשִׁנַּנְתָּם)**」[1]:

> 『我今日所吩咐你的話都要記在心上，』
> 也要 將它們 **殷勤教導 (וְשִׁנַּנְתָּם)** 你的兒子們
> 無論你坐在家裏，行在路上，躺下，起來，都要談論。』

申 6:4-9 這段經文提到一個重點，就是要 用神的話「**殷勤教訓**」自己的兒女，
亦即: 使神的話「**刺進-刻進**」他們的心版上，讓孩童「**牢記**」神的話。所以「**殷
勤教訓**」用更形象化地翻譯來說就是: 父母把神的誡命「**磨的銳利**」，使神的話
能「**銘刻-切入**」到孩童的靈命當中，「**澈底改變**」他們的生命。希伯來書 4:12：

> 『上帝的道是活潑的，是有功效的，比一切 **兩刃的劍** 更快，
> 甚至魂與靈，骨節與骨髓，都能 **刺入、剖開**，
> 連心中的思念和主意都能辨明。』

---

[1]「**殷勤教導 (וְשִׁנַּנְתָּם)**」是一個 piel 字幹動詞，字典型/字幹型為(שׁנן)。

二、 天、天上 (שָׁמַיִם):

如前文所述，歷代猶太賢哲，在探詢希伯來文 22 個字母奧義，和每個字母的「精神-屬靈」意涵時，往往會看這個字母「第一次」在妥拉 (摩西五經) 裡，是以哪個「單字」出現的。

以 shin (שׁ) 這個字母起首的字，第一次出現在聖經中的是 「天 (שָׁמַיִם)」這個字，創世記 1:1：

『在起初，神創造 天 (הַשָּׁמַיִם) 地。』

由此，就標示出 shin (שׁ) 這個字母所代表的一個最重要的意涵，就是代表 (來自) 天上的，上帝的。 以賽亞書 66:1：

『耶和華如此說：
這天 (הַשָּׁמַיִם) 是我的座位，地是我的腳凳。』

三、 神的「護衛-保守」、神的「名號-所在」、神的「權柄」展現：

shin (שׁ) 這個字母，對猶太人說，是一個代表 神「護衛、保守」的力量，也是象徵 耶和華神 的「名號、所在」的一個字母：

1. 全能-神 (אֵל שַׁדַּי)：

這個詞組的讀音就是 El Shaddai. 第二個字 (שַׁדַּי) 就是「全能者」的意思。如此，神這個「全能者」名號的縮寫，就濃縮在 shin (שׁ) 這個字母上。[2]

2. 神的「護衛、保守 (שָׁמַר)」：

如上所述，shin (שׁ) 代表神「全能者」的名號，而這個名號可以帶來「神的保護」。因此，現在猶太人禱告時 綁在頭上的「經文護符匣 (תְּפִלִּין)」，和「門框經文盒/門柱經卷 (מְזוּזָה)」，上面都刻了一個醒目又大顆的 shin (שׁ) 這個字母，這是因為猶太人相信，這兩樣東西，會帶來神的「護衛、保守 (שָׁמַר)」。詩篇 121:4：

『 保護 (שׁוֹמֵר) 以色列的
不打盹也不睡覺。』

---

[2] 關於「全能-神 (אֵל שַׁדַּי)」這個詞組更詳細的解釋，請參《奧秘之鑰-解鎖妥拉:出埃及記》No.2 妥拉<我顯現>篇之第二段文字信息「救贖宣言」，頁 24-25。

3. 神的「名 (שֵׁם)」: [3]
既然是「神的名」,那麼「名字」的希伯來文,也是 shin (ש) 這個字母起首的,
叫做「(שֵׁם)」讀音 Shem. 所以猶太人尊稱上帝為 (הַשֵּׁם) 讀音 Hashem,意思
為「這名號」,這至聖尊貴的 名。

4. 「聽從 (שָׁמַע)」、「謹守(שָׁמַר)」:
相對於神的「保守與護衛」,人應該要有的動作有二: 一個是「謹守-護衛」神的
話和誡命,另一個是「聆聽-聽從」。這兩個動詞,也都由 shin (ש) 這個字母起首。
出埃及記 19:5:

『如今你們若 實在聽從 (שָׁמוֹעַ תִּשְׁמְעוּ) 我的話,
遵守 (וּשְׁמַרְתֶּם) 我的約,
就要在萬民中作屬我的珍寶,
因為全地都是我的。』

5. 耶和華-沙瑪 (יְהוָה שָׁמָּה):
先知以西結,在以西結書的最後幾章: 四十章到四十八章的經文內容,預言到末
後的日子,聳立在耶路撒冷「未來聖殿」的景象,最後就以 48:35 節的經文結束
整卷書:

『從此以後,這城 (耶路撒冷城) 的名字必稱為
耶和華-沙瑪 (יְהוָה שָׁמָּה)。』

現行和合本聖經的中文翻譯已經把這個音譯的「耶和華-沙瑪 (יְהוָה שָׁמָּה)」改
為更貼近字義的翻譯:「耶和華的 所在」,更直接的翻譯就是「耶和華 在那裏」,
因為「(שָׁמָּה)」讀音 Shammah 這個字的意思就是「在那裏」。 聖經、以及現代
希伯來文的地方副詞「那裏」就是 (שָׁם) 讀音 Sham. 這個字。

耶和華 在那裏,這個「在那裏」當然指的就是「在耶路撒冷」,因為耶路撒冷是

『耶和華神所選擇 要立為祂名的居所/ 使 祂的名 居住 在那裏』
הַמָּקוֹם אֲשֶׁר יִבְחַר יְהוָה לְשַׁכֵּן שְׁמוֹ שָׁם

---

[3] 關於耶和華神的名,請參《奧秘之鑰-解鎖妥拉:出埃及記》No.2 妥拉<名字>篇之第六段文字信
息「耶和華的名:亞伯拉罕-以撒-雅各的神」,頁 13-16。

所以，有意思的是，耶路撒冷(舊)城的地形，確實由「三條溪谷」所環繞，好似，耶和華神把一個大大的 shin (שׁ) 這個字母，「刻印」在耶路撒冷城的地貌上。歷代志上 23:25、歷代志下 6:6：

> 『耶和華－以色列的上帝已經使祂的百姓平安，
> 祂永遠 住在 (וַיִּשְׁכֹּן) 耶路撒冷。』

> 『但我揀選耶路撒冷，把 我的名(שְׁמִי) (安置) 在那裡(שָׁם)，
> 又揀選大衛治理我民以色列。』

耶穌自己也說，馬太福音 5:35：

> 『不可指著地起誓，因為地是 祂 (耶和華) 的腳凳；
> 也不可指著 耶路撒冷 起誓，
> 因為 耶路撒冷 是 大君 (耶和華) 的京城。』[4]

6. 神榮耀的「臨在-同在 (שְׁכִינָה)」讀音 Shekhinah:
神榮耀的「臨在-同在 (שְׁכִינָה)」這個字 並未出現在希伯來聖經當中，但是它的「字根 (שׁכן) 」當動詞就是「住在、臨住」，正如我們在前文已經看到的，出埃及記 25:8、29:45：

> 『他們當為我造聖所，使我可以 住在 (וְשָׁכַנְתִּי) 他們中間。』

> 『我要 住在 (וְשָׁכַנְתִּי) 以色列人中間， 作他們的上帝。』

7. 號角 (שׁוֹפָר) 讀音 Shofar.
「號角」的吹響，象徵「耶和華神權柄」的展現，也代表末後大而可畏的「耶和華日子」的臨近。出埃及記 19 章描述到耶和華神「臨在」西奈山的顫慄畏懼的場景，出埃及記 19:16：

> 『在山上有雷轟、閃電，和密雲，號角 (שׁוֹפָר) 聲甚大，
> 營中的百姓盡都發顫。』

---

[4] 關於耶路撒冷是耶和華神「立為祂名的居所」，同參《奧秘之鑰-解鎖妥拉:申命記》No.4 妥拉 <看哪>篇之第二段文字信息「立為祂名的居所」，頁 43-46。

8. 審判者 (שׁוֹפֵט)、審判 (שָׁפַט):

終極審判的權柄來自於耶和華神，以賽亞書 33:22：

> 『因為，雅威是 **審判我們 (שְׁפָטֵנוּ)** 的，
> 　　耶和華是為我們設律法的，
> 　　　耶和華是我們的王，
> 　　　　祂必拯救我們。』

在出埃及記，耶和華神為了突破-解開法老對以色列人施加的「奴役和枷鎖」，所以施展了十災，一直到第十災，法老才「被迫」容以色列百姓離去，此外，也只有在最後一災，經文才特別提到這件事，出埃及記 12:12：

> 『我要施行 **審判 (שְׁפָטִים)** 埃及一切所有的諸神。』

9. 獅子「吼叫 (שָׁאַג)」:

森林之王: 獅子的「吼叫」，在經文中被比作「**神權柄的發聲**」。何西阿書 11:10、約珥書 3:16　(原文 4:16)：

> 『耶和華如獅子 **吼叫 (יִשְׁאַג)**，他們必跟隨祂；
> 　　祂一吼叫，兒子們就從西方急速而來。』

> 『耶和華必從錫安 **吼叫 (יִשְׁאַג)**，從耶路撒冷出聲，天 (שָׁמַיִם) 地　就震動。
> 　　耶和華卻要做祂百姓的避難所，
> 　　　做以色列人的保障。』

10. 其他以 shin (שׁ) 這個字母起首，體現「**耶和華神主權**」的相關希伯來字詞:

a. 七 (שֶׁבַע) [5]
b. 誓約 (שְׁבוּעָה)、起誓 (נִשְׁבַּע)
c. 第七天: 安息日 (שַׁבָּת) [6]
d. 第七年: 安息年-豁免年 (שְׁמִטָּה) [7]

---

[5] 關於字根 (שבע) 請參本書第二部分:希伯來文字根文集:「字根 (שבע): 七與誓約」，頁 147。

[6] 關於「安息日」，同參《奧秘之鑰-解鎖妥拉:出埃及記》No.10-11 妥拉<招聚、總數>篇之第四段文字信息「安息日為先」，頁 154-156。

[7] 關於「安息年」，同參《奧秘之鑰-解鎖妥拉:利未記》No.9 妥拉<在西奈山>篇之第二段文字信息「安息年」，頁 135-137、以及《奧秘之鑰-解鎖妥拉:申命記》No.4 妥拉<看哪>篇之第四段文字信息「重提安息年」，頁 48-50。

e. 平安 (שָׁלוֹם) [8]

f. 第八 (שְׁמִינִי) [9]

四、被放大的 shin (שׁ):

1. 猶太人讀的希伯來聖經卷軸，當中有些單字的字母，會寫得比一般字體來得大，當然這是有用意的。例如 雅歌 這卷書，開頭第一章第一節：

『 (眾多) 歌中的 雅歌 』

שִׁיר הַשִּׁירִים

開頭的第一個字「雅歌/歌 (שִׁיר)」的頭一個字母 shin (שׁ)，就被抄寫比一般字體來得大，這是因為，歷代抄寫經文的賢哲文士們要透過這個「放大的 shin (שׁ)」，來強調，這「一首雅歌(שִׁיר)」乃是所有人類詩歌當中的「詩歌之王」，是讚美-頌讚的最高境界，因為這歌的「內容」講述，耶和華神和以色列之間那「濃密-永恆」的愛情，而這堅實的盟約是耶和華神定意要「護衛、保守」的。正如前文已述，shin (שׁ) 這個字母代表的就是：**耶和華神的「名號、所在」以及「護衛、保守」**。

而「**雅歌/歌 (שִׁיר)**」這個希伯來字，以 shin (שׁ) 這個字母起首，這就表明了，人唱歌、讚美的終極「對象」，應該是：上帝，耶和華神。

2. 逾越節 讀 雅歌：

眾所周知，猶太人在過「逾越節」時會頌讀整卷 雅歌，因為雅歌這卷書主要就是在描述-紀念耶和華神與以色列「這轟轟烈烈的愛情」，而這故事的起頭，就是「出埃及」。

雅歌 2:10-13「我良人對我說，我的佳偶，我的美人，『起來，與我同去。』因為冬天已往。雨水止住過去了。地上百花開放，百鳥鳴叫的時候〔或作修理葡萄樹的時候〕已經來到，斑鳩的聲音在我們境內也聽見了。 無花果樹的果子漸漸成熟，葡萄樹開花放香。我的佳偶，我的美人，『起來，與我同去』。」

上面這段經文的屬靈意涵，就是：冬天已過，春天來到了，該是時候「起來-跟隨上帝 (良人)」了，展開一段新的人生。

---

[8] 真正的平安，是由神所賜下，而全球的「世界和平」只有等到彌賽亞復臨時才能真正實現。以賽亞書 9:6 (原文 9:5)『因有一嬰孩為我們而生；有一子賜給我們。政權必擔在他的肩頭上；他的名稱為「奇妙的策士、全能的上帝、永在的父、**和平的 君 (שַׂר-שָׁלוֹם)**。」』

[9] 關於數字「八」，同參《奧秘之鑰-解鎖妥拉:利未記》No.3 妥拉<第八日>篇之第一段文字信息「超驗的第八日」，頁 33-34。

3.「守護-保衛 之夜 (לֵיל שִׁמֻּרִים)」:

出埃及記 12:42 很感人，經文說到以色列百姓離開埃及的「那夜」『是耶和華神「守護、護衛、保守 (שִׁמֻּרִים)」的夜晚。』這夜，是耶和華專為以色列百姓設立、保存的，為的是要讓他們蒙受耶和華神的「**完全保護**」：毫無攔阻地「**跨越-逾越**」這原本「無法跨過」的鴻溝：埃及、法老。

五、「劇烈改變」的相關動詞:

前文提過，shin (שׁ) 這個字母其中一個基本意涵就是: 對一般狀態做「**劇烈改變**」的活動和行為，底下列舉幾個具有「**劇烈改變**」相關涵義的動詞 [10]:

1. 改變 (שָׁנָה)
2. 打碎、打破 (שׁבר) [11]: 讓一個物品或東西「變成」碎片的動詞。
3. 屠殺、宰殺 (שָׁחַט): 讓一個動物從有生命的狀態「變成」失去生命的動作。
4. 清洗、沖洗 (שָׁטַף): 讓一個東西從骯髒，「變成」澈底乾淨的動作。
5. 倒出、灑出 (שָׁפַךְ): 去「改變」液體空間位置，從裡到外的動作。
6. 燒毀、燒盡 (שָׂרַף): 用烈火去「澈底銷毀」有形物質的活動。
7. 說謊 (שָׁקַר): 把事實與真相「改變-扭曲」並搬出另一套說詞的行為。
8. 敗壞 (שׁחת) [12]: 人、物品或環境「變質-惡化」的過程。
9. 厭惡、憎恨 (שָׂנֵא): 當你厭惡一個人，就會「澈底改變」對他的觀感和看法。
10. 撒旦 (שָׂטָן): 總是想要「改變-扭曲」神的次序的那一位終極「敵對者」。

六、統治管轄的治權 (שָׁלַט)、 歸屬、所有格的介係詞 (שֶׁל):

如果一個人能對他人、在他身外的東西物品做出「**劇烈改變**」的動作，那就表示這個人對他人、這項物品具有「**完全的掌控、統治**」，因此「統治、管轄 (שָׁלַט)」的動詞以 shin (שׁ) 這個字母起首構字。

另外，希伯來文「歸屬、所有格的介係詞 (שֶׁל)」這個字的字母組成，正好也就是「**統治、管轄 (שָׁלַט)**」這個動詞字根的「前兩個字母(שׁל)」。

---

[10] 下面列舉之動詞，皆出現在希伯來聖經中，礙於篇幅，本文就不一一列舉經文為範例。

[11] (שׁבר) 這個字根在希伯來聖經出現在 paal, piel ,nifal, hifil, hufal 這五個不同的動詞字幹當中，所以本文只寫出它的字根。

[12] (שׁחת) 這個字根在希伯來聖經出現在 piel ,nifal, hifil, hufal 這四個不同的動詞字幹當中，所以本文只寫出它的字根。

Tav ת

指向終末、最終目的、最後目標、完全的字母

希伯來語的第二十二個字母，也就是「**最後**」一個字母 Tav (ת)，這個字母的基本含意和「意義圈」包括: 指向 **最終目標** 的 記號、終極目標、終極真理: 妥拉、**盼望**、世界的「**修復**」、完全的。底下分成幾個路徑來解說:

一、 Tav (ת) 的「名字」及相近的讀音單字:

1. Tav (ת) 這個字母的「名稱/名字」，如果用希伯來文的「字母和母音符號」寫出來的話就是 (תָו)，與這個名字「同樣讀音」的單字，叫 (תָו) 讀音也是 Tav. 意思: **符號、記號**。

這個「**符號、記號** (תָו)」的功能和標示，乃是要把人引導、指向到「**最終目的**」，帶領人走向「正確的」路徑和方向。 [1] 所以「**符號、記號** (תָו)」這個名詞的「字根 (תוה) 」當動詞意思就是「**畫-標示** (הִתְוָה)」記號 [2]，這是一個 hifil 字幹的動詞。以西結書 9:4 節，耶和華神向先知以西結預告耶路撒冷城的傾覆，但神還是透過「**畫-記號**」想要存留餘民，向他們指示出正確的道路:

> 『耶和華對他說:「你去走遍耶路撒冷全城，
> 那些因城中所行可憎之事歎息哀哭的人，
> **畫** (וְהִתְוִיתָ) **記號** (תָו) 在額上。」』

上面這段經文也讓我們想到新約聖經 啟示錄 7:3-4:

> 『我又看見另有一位天使，從日出之地上來，拿着「**永生上帝的印**」。
> 他就向那得着權柄能傷害地和海的四位天使大聲喊着說:
> 地與海並樹木，你們不可傷害，等我們「**印了**」我們上帝眾僕人的額。
> 我聽見以色列人各支派中 **受印** 的數目有十四萬四千。』

---

[1]「**符號、記號** (תָו)」這個字在現代希伯來文就是樂譜上的「**音符**」，演奏者只有透過譜紙上的「**音符**」，才能「正確、完整地」把整首曲子演奏「**完畢**」，按照樂譜上一顆顆的「**音符**」最後才能走到樂曲的「**終點**」。

[2]「**畫-標示** (הִתְוָה)」這個動詞在現代希伯來文就是「草擬、架構」一份計畫、藍圖。

二、 指向 終末、最終目的、最後目標、完全的:

如上所述，作為「**最後**」一個字母，Tav (**ת**) 這個字母最重要的一個基本意涵就是指向 終末、最終目的、最後目標、完全的 字義，所以，下列所舉皆以 Tav (**ת**) 起首的字詞，都和這個基本意涵相關:

1. 永遠、總是 (**תָּמִיד**):

這是一個時間副詞， 例如詩篇 16:8、119:44:

> 『我將耶和華 永遠 (**תָּמִיד**) 擺在我面前，
> 因祂在我右邊，我就不致搖動。』

> 『我要 永遠 (**תָּמִיד**) 守 祢的**律法/妥拉** (**תוֹרָתֶךָ**)，
> 直到永永遠遠。』

2. 耶和華的 律法/妥拉 (**תּוֹרָה**):

神的律法/妥拉: 是「**終極真理**」，是使我們人生得以活出真理生命的「指南、引導」，遵行神的法則，能使我們達致成聖的「**最終目標**」，與耶和華神的聖潔相符。因此，在整本聖經中，不斷地提到學習和教導 妥拉 (**תּוֹרָה**) 的重要，特別是在詩篇 119 篇，妥拉 (**תּוֹרָה**) 一詞出現 25 次之多，原因無它，因為詩篇 119 正是在歌頌-讚美耶和華神「妥拉」的智慧奧妙，並教導人要愛「妥拉」、遵守「妥拉」。詩篇 119:1 開宗明義地說道:

> 『行為完全、
> 遵行 耶和華**律法/妥拉** (**תּוֹרַת יְהוָה**) 的，
> 這人便為有福。』

3. 終點、終極、盡頭 (**תַּכְלִית**):

例如約伯記 11:7:

> 『你能找到上帝的奧祕嗎？
> 你能找到全能者的 **終極-極限** (**תַּכְלִית**) 嗎？』

(**תַּכְלִית**) 這個字在現代希伯來文意指「**最終目標**」，亦即: 最終你想達到-完成的學習和工作結果。

4. 計畫 (תָּכְנִית)：

一份「計畫」的目的，就是要使一項籌畫中的活動，能按照既定的次序-步驟，「**最終**」得以「**被完成**」。所以如果一個人有越多的「計畫」備案，那他的準備是最完善，是最可能達到「**最終目標**」。 經文舉例，以西結書 28:12：

> 『人子啊，你要為泰爾王作哀歌，
> 對他說，主上帝如此說：
> 你無所不備/ 直譯為: 你封存制定 **計畫 (תָּכְנִית)**，
> 智慧充足，全然美麗。』

5. 終末的 盼望 (תִּקְוָה)：

所謂的「盼望」總是 **盼望** 至終、最後 才會發生的那 **終極** 完全美好 事情。耶利米書 31:17：

> 『這是耶和華的話語
> 妳 (以色列) 末後必有 **指望/盼望 (תִּקְוָה)**；
> 妳的眾子必回到自己的國土。』

眾所周知，以色列的國歌歌名就叫做「**這希望/盼望 (הַתִּקְוָה)**」，其中的一段歌詞是這樣說的：

> 『**我們的希望 (תִּקְוָתֵנוּ)** 還未破滅，
> 兩千年的古老 **希望 (הַתִּקְוָה)**
> 成為自由的人民，在我們的土地上，
> 錫安之地和耶路撒冷。』

6. 修復世界 (תִּיקוּן עוֹלָם)：

「**修復世界**」是猶太人信仰中的一個很重要的概念，簡言之，就是猶太人肩負一項耶和華神給他們的神聖使命: 去「**修復 (תִּקֵן)**」世界，使世界「**最終**」能變得更美好、更完滿。「**修復 (תִּקֵן)**」這個動詞在希伯來聖經意指「使彎曲的 **變直、安排整齊**」，在整本聖經中這個詞只出現三次，都在傳道書，例如傳道書 7:13：

> 『你要察看上帝的作為；
> 誰能 **變直/修復 (לְתַקֵן)** 他自己的彎曲 (犯罪) 呢？』

所以這就表示，人類的彎曲、犯罪、墮落、敗壞最後到了一個「無以復加」的程度，就好像挪亞的世代，『人終日所思所想都只是惡』。

到了末後的日子，人類靠自己已經無法「自我修復」和「修復世界」，所以世界**「終末-最後的」修復**，只等彌賽亞復臨，才能讓舊世界過去，帶領人類進入完全嶄新的紀元。

7. 完全的、完美的 (תָּמִים)：
耶和華神的律法、祂的律例典章、祂的話是「**終極完全、不可增減**」，詩篇 18:30：

> 『至於上帝，祂的道是 完全的 (תָּמִים)；
> 耶和華的話是煉淨的。
> 凡投靠祂的，祂就作他們的盾牌。』

耶穌在馬太福音 5:17-18 也說：

> 『莫想我來要廢掉 (父神耶和華的) 律法和先知，
> 我來不是要廢掉，乃是要成全。
> 我實在告訴你們：就是到天地都廢去了，
> (父神耶和華的) 律法的一點一畫也不能廢去，都要成全。』

另外，申命記 18:13：

> 『你要在耶和華—你的上帝那裡
> 作 完全人(תָּמִים)。』

上面這節經文就是「天人合一」的「**終極境界**」，就是與神同行。

三、在 「開始 (תְּחִלָה) 」的起首處就已蘊含著「終局/結果(ת)」：
「**開始、開端 (תְּחִלָה)**」這個字，起首的字母竟然是「**最後 一個字母(ת)**」。有一句猶太格言 言簡意賅，但卻意味深長，是這樣說的：

סוֹף מַעֲשֶׂה בְּמַחְשָׁבָה תְּחִלָּה
『行動的結局-後果，必須存在於 **首先-預先的** 思想考量 』

這句格言的意思是說，當你在思忖要如何去執行一件事情時，你要在一「**開始**」的時候就能預測或預知到這件事做了之後，「**最終**」會出現的「**結果**」是什麼，衡量後，若能接受這個結果，你才可以去做。亦即在計畫或事件發生的「**開始起頭**」，即能洞悉出這件事 (可能會) 發展的「**最終結果**」。

簡單的一句猶太格言，四個希伯來文單字，卻蘊含著意味深長的智慧。

願上帝賜給我們屬天的終極智慧，屬靈的洞察力，讓我們在執行任何事情的時候，能事半功倍，不浪費時間、金錢、精神和體力。正如箴言 3:5-6 所言：

> 『你要專心仰賴耶和華，不可倚靠自己的聰明，
> 在你一切所行的事上都要認定祂，
> 祂必指引你的路。』

經文後半段說『他必 **指引** 你的路。』「**指引**(יְיַשֵּׁר)」這個動詞更準確的翻譯是:「使…修**直**、使其…**直**達平順」，英文就是 to make straight。所以整句的翻譯是:神會使你的道路「**直順**」。

人常常按照自己的意思，去走自己想走的人生道路，回過頭來才發現，其實繞了許多「**彎曲**」遠路，走了很多冤枉路，浪費許多寶貴的時間和精神。所以，箴言 9:10 說：

> 『敬畏耶和華是智慧的 **開端** (תְּחִלַּת)；
> 認識至聖者便是聰明。』

這節經文的意思就是:
你若想要領受「**終極的** (ת) 智慧」，
那你在一「**開始** (תְּחִלָּה)」的時候就要 認識神、敬畏神。耶利米書 33:3：

> 『你求告我，我就應允你，
> 並將你所不知道、又大又難的事指示你。』

四、 虛空-空無 (תֹהוּ)、 探究-查明 (תָּהָה):

以 Tav (ת) 這個字母起首，第一次出現在聖經中的單字，在創世記 1:2:

> 『地是 **空虛** (תֹהוּ) 混沌。』

人所生活的土地原是「**虛無、空無、什麼都沒有** (תֹהוּ)」。人生此世的「**終極**」，生命「**最後的終了**」確實是「**空**」，因為人是兩手「**空空**」的來到此世，也是兩手「**空空**」的離開此世，所以生命的本質原是「**虛無、虛空**」，

正因為是「**虛無、虛空**」，所以人生在世就會有一股強大動力，時刻要去「**探究、找出** (תָּהָה)」「**生命的意義**」，可以說，人的一生就是一趟「尋找意義」的永恆旅程。因此「**虛無、空無** (תֹהוּ)」這個字的「**字根** (תהה)」演變到現代希伯來文，就成為「**探究、找出** (תָּהָה)」的這個動詞。

「**真理** (אֱמֶת)」之所以被稱為「**終極、最後** 定調」，不會再被改變，是顛撲不破的真理，這從「**真理** (אֱמֶת)」一詞即可看出，因為其字尾就是由「**最後一個字母** (ת)」所構成。

再來，「**真理** (אֱמֶת)」之所以為真理，是因它的表述是涵蓋「**全貌**」，是「**整全、完整、完全的**」。所以如果把所有的希伯來字母 (包含「字尾變形」的字母)，一字排開，那我們會看到：

א בגדהוזחטיכדל**מ** מנוס עפפצקרש**ת**

Alef (**א**)：「**第一個**」字母
Mem (**מ**)：「**正中間**」的字母
Tav (**ת**)：「**最後一個**」字母

相反地，如果是謊言，那它就是「**顛倒** (順序) **是非**」的「**片面**」之詞，所以希伯來文的「**謊言** (שֶׁקֶר)」從其「字母的排序」即可透露出此字義的信息：

אבגדהוזחטיכדלמ מנוסעפפצ **ק ר ש** ת

118

Ⅱ 希伯來文
字根文集

字根 (אדם): 人、土地、相像、血

幾個在字根上和「人」有「意義關聯性」的希伯來文單字如下：

1. (אֲדָמָה) 讀音 adama，土、土地。
2. (אָדָם)　讀音 adam，亞當、人。
3. (דָּמָה)　讀音 dama，相像、肖似。
4. (דָּם)　　讀音 dam，血。

在希伯來文的字詞中，存在著一個最基本的元素，就是:「字根 (root, שׁוֹרֶשׁ)」，由「一個共同的」字根，所構成的「各種不同的」單字，其中會有 意義關聯性。

上列所舉的四個字，都有「共同的字根 (אדם)」，或說，「重複的字根字母」出現在其中，所以，從希伯來文來看，「土地、人、相象、血」這四個字，彼此之間有其「意義關聯性」。

第一、上帝用「塵土 (אֲדָמָה)」造了亞當，他被稱為「人 (אָדָם)」。

第二、因著人有「神的形象和樣式」，所以「人 (אָדָם)」活著，理當要有神的尊榮，要「像 (דָּמָה)」神聖潔一般。

第三、.構成「人 (אָדָם)」生命中最重要的元素是「血 (דָּם)」。

因此，在看到「人」這一個單字時，在希伯來文的「意義脈絡及網絡」裡會提醒我們：

首先、人不是神，因為人的軀殼，是用物質 塵土 所造，終歸 塵土。
第二、因著神造人，我們本是屬祂的兒女，承認祂為造我們的父，所以我們應當順服祂，學習祂的樣式，像 祂。
第三、人的生命，就是 血。因此，創世紀 9:6 說道：

> 『凡流人血的，他的血 也必被人所流，
> 因為神造人 是照「自己的形象」造的。』

因著人有「神的形象和樣式」，試想，由一位 傑出的藝術家(上帝) 所精心設計的 高級精緻的藝術品(人)，若是這個藝術品被打破、捧壞，上帝難道不會憤怒？

所以，上帝要我們尊重愛惜、看顧彼此的生命，因為，正如先知以賽亞所說，以賽亞書 64:8　(原文 64:7)：

> 『耶和華啊，現在祢仍是我們的父！
> 我們是泥，祢是窯匠；
> 我們都是 **祢手的工作**。』

願我們，都是上帝手中傑出的工作、傑出精美的藝術品。

字根 (אמן): 信心與操練

常說，「信心」需要「操練」，在希伯來語，「信心」和「操練-鍛鍊」正好來自「同一字根 (אמן) 」，底下舉幾個「意義相關」的字 來說明：[1]

1. (הֶאֱמִין) 相信　believe.

2. (אֱמוּנָה) 信心、信仰　belief, faith.

3. (נֶאֱמָן) 信實-忠誠的、讓他人 (對某人) 有信心的　faithful, loyal.

4. (הִתְאַמֵּן) 操練、練習　practice.

5. (אִמֵּן) 訓練　train.

6. (מְאַמֵּן) 教練　trainer, coach.

7. (אָמֵן) 最後，禱告完說的「阿們」，就是這個「字根 (אמן) 本身」。[2]

所以，如果意識到「阿們 (אָמֵן)」這個字在希伯來語裡所帶有的「內在意涵」及其「意義關聯性」，那就會知道，當我們結束禱告時說的「阿們」並未代表結束，它要表明的是，若要使你的禱詞「成」其所「是」，除了上帝的垂聽和應允，我們還需每天去實際具體地去「鍛鍊、操練」你所禱告的內容，當然，你的內心也必須要「相信」這是將要成就之事。

如此，誠心所願的「阿們」就不再只是嘴裡的念念有詞或紙上談兵，而是具有行動力之強化靈命的「鍛鍊」。

「信心」與「行為」，乃是同步並進。

---

[1] 本文中舉例的這幾個都有「字根(אמן) 」的單字，會在這些單字中，特別把「(אמן)」這個字根/這三個字母特別用粗體字標示出來。

[2] 「阿們 (אָמֵן)」這個字在申命記 27:15-26 這段經文中，一共出現 12 次。

字根 (בגד, לבש, מעל):　衣服與背叛

如前文所述，希伯來文單字，通常由「三個字母」的字根 所組成，底下舉幾個關於「**衣服**」的字彙，並探究其「**背後更深層**」的意涵：

1. **衣服** 統稱為 (**בֶּגֶד**) 讀音 beged、
   背叛這個動詞(**בָּגַד**) 讀做 bagad.
   從上可以看到，這兩個字都共用「同一個字根 (**בגד**) 」。

2. **服飾著裝**(名詞) (**לְבוּשׁ**) 讀音 l'vush、
   羞恥 (名詞) 叫 (**בּוּשָׁה**) 讀做 busha.
   上面這兩個字也共用同一字根，或更精確地說，是兩個「重疊性」的字根，就是:
   (**בוש**) (**לבש**) 這三個字母。

3. **外套大衣** (**מְעִיל**) 讀做 meil、
   侵佔盜用(**מְעִילָה**) 讀做 meila.
   上面這兩個字也有「同一字根 (**מעל**)」。

接下來我們要問，為什麼在希伯來文裡面，
「**衣服**」和「**背叛**」有關？
「**服飾**」為何和「**羞恥**」有連結？
「**大衣**」竟然和 「**侵佔盜用**」有意義上的關聯？

人類是從什麼時候開始穿衣服，又為何需要找衣服穿？讓我們看創世記第三章，那裡記載: 亞當、夏娃受了蛇的誘惑，「**背叛**」上帝，吃了分別善惡樹上的果子，然後眼睛明亮，發現自己赤身露體，感到「**羞恥**」，結果，就必須「**竊取盜用**」無花果樹上的葉子，來為自己編織「**衣服**」，目的是為了遮掩自己的「**羞恥**」。

自從人悖逆、背叛上帝後，罪就進入人的心思和行動裡面。因著罪的緣故，人感到有「罪惡感、羞恥感」。然後，人為了用自己的方式來掩飾或彌補罪，就開始用不正當的方式來尋求脫罪。

因此，可以說，人需要穿「**衣服**」，乃是因為「**背叛**」上帝的直接表徵或結果，因著悖逆神，罪進入了我們的心思意念，產生了罪惡和「**羞恥**」，然後，需要去「**竊取**」一個替代品，來替自己遮掩赤裸，和掩飾內裡的汙穢。

這裡，我們看到，即使是日常生活的希伯來字裡面，竟然蘊含這麼深刻的神學意涵。

所以，學希伯來文有意思嗎？當然有！

如果我們都知道，希伯來文的「**字根**」是如何能把表面上看似意義不相關的字，給聯繫起來，那，我們就能看出許多希伯來字彙，其中所閃現出的「意義光譜」。

字根 (בחר): 選擇、選民

常說猶太人是「**選民**」the **chosen** nation [1]，以色列是「**聖地**」 the **chosen** land 亦即被耶和華神「**所選擇**」看重的地土。[2]「**揀選-選擇**」這個字根是 (בחר)，所以底下列舉的字彙，都有這個字根在其中。

1. (בָּחַר)：「(בחר) 這個字根」本身就是一個動詞，亦即「**選擇**」。

2. (בְּחִירוֹת)：在現代希伯來文意指「**選舉**」，譬如總統「**大選**」。

3. (נִבְחֶרֶת)：在現代希伯來文意指一群由國家「**選擇**」出來代表出去比賽的運動隊伍或球隊的團體，也就是「**國家代表隊**」。

4. (מִבְחָר)：譬如當我們去手機店裡面，看到各式各樣，各家廠牌的手機時，發現有許多手機型號的產品「**選項**」selection 可供挑選。

5. (מוּבְחָר)：譬如去市場買水果時，經常會看到「**精選**」鳳梨，或「**精選**」水蜜桃的字樣，意即，是經過仔細地「**精挑細選**」出來的 selected。在現代希伯來文「**精選的**」就是 (מוּבְחָר) 這個形容詞。

6. (הָעָם הַנִּבְחָר)：這個詞就是「**選民**」。由兩個字所構成，**被揀選的** (הַנִּבְחָר)- 民族 (הָעָם)。

7. (אֶרֶץ הַבְּחִירָה)：以色列百姓被耶和華神命定，要進入流奶與蜜的迦南美地，這是一塊被神「**所選擇的** (הַבְּחִירָה)」-「地土(אֶרֶץ)」，是要賜給以色列民的，英文常以 The Land of Israel 稱呼，其實也就是 The Chosen Land, 中文常以「**應許之地**」稱之。

---

[1] 申命記 7:6-7『因為你歸耶和華－你上帝為聖潔的民；耶和華－你上帝從地上的萬民中「揀選 (בָּחַר)」你，特作自己的子民。耶和華專愛你們，「揀選 (וַיִּבְחַר)」你們，並非因為你們的人數多於別民，原來你們的人數在萬民中是最少的。』

[2] 申命記 16:16『你一切的男丁要在無酵餅節、七七節、住棚節，一年三次，在耶和華－你上帝「所選擇 (וַיִּבְחַר)」的地方朝見他，卻不可空手朝見。』

字根 (דבר): 曠野、話語 [1]

耶和華神不是在肥沃的平原上、或豐沛的水源地、有河流滋潤的土地上,或物產豐饒的環境中來預備、訓練以色列百姓,正好相反,耶和華神是「**在曠野**」這樣一個艱難的環境中來「預備、磨練」以色列百姓,為的就是要讓他們靈裡剛強、身體健壯,使他們能過約旦河,進入應許之地,得地為業。

「**在曠野**」 這樣沒水、沒食物,甚至沒有生命的天然環境中,人看到 曠野 的廣闊無垠,會意識到自己的有限和澈底無能,所以人必須「完全倚靠」神。

「**在曠野**」之前「人人平等」,沒有人會擁有自己的房子、田地、和牧場,沒有人是比較有錢,或是比較貧窮,「**在曠野**」中,大家為了生存下去,必須要互相幫忙、互助合作。

最後,「**在曠野**」這個「寂寞靜謐-一無所有」的環境中,人們才有可能「完全地」轉向神,也才有辦法「專注地」面對神。

這就是為什麼耶和華神,要在以色列百姓出埃及後,領他們去到 曠野 的原因,因為「**在曠野**」能更清楚專注、心無旁騖地聆聽到「神的話」,「**在曠野**」,百姓可以經歷到內心深處「更深刻的事物」。

這確實如此,因為以色列百姓就是「**在曠野**」,在西奈山聽到「神**說話**」的聲音,並且領受十誡和一切聖法,以色列百姓也正是「**在曠野**」中,把神的居所,也就是會幕給豎立起來,「**在曠野**」以色列百姓學習耶和華神所頒布一切律例、典章、法度。

從希伯來文來看「**曠野**」和「**話語**」、「**說話**」這幾個字的「意義關聯」就更清楚了:

1. (מִדְבָּר) 曠野
2. (דָּבָר) 話語
3. (מְדַבֵּר) 說話

上面這三個字裡面有一個共同的「字根 (דבר) 」這個字根本身也是一個單字,意思就是「**話語、事物 (דָּבָר)** 」。

---

[1] 本文節錄自《奧秘之鑰-解鎖妥拉:民數記》No.1 妥拉<在曠野>篇之第一段文字信息「在曠野」,頁 3-6。

耶和華神「**在曠野**」中向以色列百姓「**說話**」,「**啟示、顯明**」祂自己,以色列百姓「**在曠野**」經歷許多「**重要的事物**」,百姓「**在曠野**」操練信仰的功課和信心的磨練。可以這麼說,以色列百姓「**在曠野**」中累積很多、很重要的寶貴經驗和生存智慧。

在我們進入到生命中的應許地「**之前**」,神往往會帶我們走一條「**在曠野**」的道路,目的不是要我們受苦-挫敗,正好相反,「**在曠野**」是要讓我們的生命 被神「**雕塑-磨練**」,靈命變得「**更強壯**」,走一條「**在曠野**」的道路,是要使我們更多的仰望神、依靠神、經歷神,生命被神來「**修整-建造**」。

往往在遠離塵囂,空無人煙之處,
才比較容易聽到來自內心深處,來自神的話語。

往往是處在一個比較艱困、沒有出路的環境中
比較會去尋求上帝,因此上帝才會賜下祂的話語,帶領我們前面的道路。

回顧過去以色列民出埃及,在曠野漂流 40 年的歷史,
清楚看到,耶和華神是怎麼用雲柱、火柱,用祂的自己的話,
來帶領以色列百姓,最後也「**在曠野**」:西奈山 頒布律法和十誡。

所以,對猶太人來說,在「**曠野 (מִדְבָּר)**」的經驗,
時常伴隨著上帝親臨、親自對他們「**說 (מְדַבֵּר)**」「**話 (דָּבָר)**」的體驗。
因為,這清楚地反映在希伯來語的「**(דבר) 這個字根**」上面。

字根 (זמן): 「時間」就是「金錢/現金」

「時間」就是「金錢/現金」，
「時機」很重要，
要把握「機會」。

以上這幾個詞: **時間、金錢/現金、時機、機會**，在希伯來文裡，都有同一個字根，就是: (זמן)。

「(זְמַן) 時間」[1] 的希伯來文就是「這個字根 (זמן)」 本身 。

所以，只要看到一個單字裡出現「(זמן) 這個字根」，那麼它的「字義」就肯定跟 時間 有關，底下舉幾個單字為例:

1. (הַזְמָנָה) **邀請函**、動詞 **邀請** (הִזְמִין):
婚禮或生日聚會….等等的「**邀請函 (הַזְמָנָה)**」invitation 這個字也有「**預約**」reservation 或「**點菜**」order 的意思，以及「**邀請、預約** 或 **點餐** (הִזְמִין)」的動詞，這兩個字裡面都有「**時間** (זמן) 這個字根」。

這是因為邀請函一定會告知，在某個「**特定時間**」需要大家出現-出席的資訊，而預約，也是要讓對方知道你是「**什麼時間**」要來用餐，或「**什麼時候**」需要這個物品送達，因此，點菜、點東西也同理，客人絕不希望點的佳餚「**逾時**」送達。

因此，收到邀請函的人，就是「**被邀請者**」invited guest 他是「被歡迎的」welcome 人，因此，「**被邀請、被歡迎的** (מֻזְמָן)」形容詞，這個字裡面也有「**時間** (זמן) 這個字根」。

2. (זְמַנִי) **暫時性、短暫的**:
只在「某個時間點」會發生的，稱之為「**暫時性、短暫的**」temporary 情況。

3. (זָמִין) **可使用、可取得的、可找得到的**:
某件物品，或人…「當下-現在」是「**可使用、可取得的、可找得到的**」accessible, available.

---

[1] 「(זְמַן) **時間**」這個字出現在傳道書 3:1『凡事都有「定期/特定的時間 (זְמַן)」，天下萬務都有定時。』

4. (תִזְמוּן) 時間點、時機 timing:

當我們說，這個「**時間點**」恰恰好，意指各方條件在「同一時間」都配合得恰到好處，那這就是一個「好時機」，好的 timing.

5. (הִזְדַמְנוּת) 機會:

有謂: 要把握難得的「**機會**」opportunity，因為這次「**機會**」錯過了，要等到下一次不知還要多久時間。因為這是個 **(**可能**)** 只在你生命中「某個特定時間點」才出現的「一次性」的寶貴「機會」。

6. (מְזֻמָּן) 金錢/現金 cash:

有些商店只收「**現金**」cash ，因為不想賒帳，他們覺得「當下、立即性的時刻」收取現金，才是最保險穩妥的。

以上，介紹幾個和「**時間** (זְמַן) 這個字根」有「意義關聯」的希伯來字，這些字，在日常生活希伯來語都非常實用。用「字根」學單字、記單字，保證事半功倍，可以省下你許多寶貴的「(זְמַן) 時間」。

字根 (היה): 存在/Be、耶和華 [1]

耶和華神的「**存有之名/ The Name of Being. (שֵׁם הֲוָיָה)**」，也就是猶太人說的四字字母的 **耶和華「聖名」(יהוה) Yud-He-Vav-He**，中文音譯為「**耶和華**」或「**雅威**」。

摩西知道這個耶和華曾經向亞伯拉罕、以撒、雅各啟示過的「聖名」，但這<名>過於抽象，不好對百姓說，所以後來耶和華神要摩西用一個稱號，來向以色列百姓介紹祂自己是誰，這個稱號就是: **亞伯拉罕-以撒-雅各的神** 。

事實上，希伯來文的「**耶和華**」(**יהוה**) 這一字，就已清楚顯明此字，作為一個稱呼「**超越時間的永恆存在者**」的「祂者」<名號>，因為希伯來文的繫詞 / **Be** 動詞的「第三人稱、陽性、單數變化」就是：

過去式 **he was**　　(**היה**)
現在式 **he is**　　　(**הווה**)
未來式 **he will be** (**יהיה**)

所以，耶和華 這個希伯來字，乃是「**存在/Be**」動詞的「**過去、現在、未來** 的三合一」的縮寫或合寫，「這名」就是永恆，是無限，祂是初，也是終，祂超越一切，在萬有之上，是「**昔在-今在-永在**」的神。

---

[1] 本文節錄自《奧秘之鑰-解鎖妥拉:出埃及記》No.1 妥拉<名字>篇之第六段文字信息「耶和華的名: 亞伯拉罕-以撒-雅各的神」，頁 13-16。

字根 (ירה): 射中準心、妥拉 [1]

如果我們翻開「希伯來聖經」，那麼第一部分: 摩西五經，你會看到斗大的字寫著 **(תּוֹרָה)** 音譯過來就是「Torah. 妥拉」這個字，和合本中文聖經多以「**律法**」來翻譯，有些時候又以「**條例**」來翻譯，譬如筆者在利未記第二段妥拉<吩咐-命令>篇的第二段文本信息「嚴格遵守的 **條例**」所討論過，各樣獻祭的「**條例 (תּוֹרָה)**」，另外 **(תּוֹרָה)** 一詞還被翻譯成「**訓誨**」，譬如以賽亞書 2:3 的經文，我們最後會提到這節經文。

稍微談一下希伯來語，希伯來語最特別的地方就是它「連結性」強大的「**字根 (שׁוֹרֶשׁ)**」系統。

字根，(絕大部分) 是由三個「字母」組成，每一字根都有其基本的「字義」，從「詞性」來說，由一個字根，可以衍生出動詞、名詞、形容詞和副詞、從「意義」來講，「同一個字根」可以派伸出其它「相關的單字」及「意義」。

打個比方，字根就很像一隻蜘蛛，它可以生出很多『**共享 同一字根，但彼此卻又意義相關的單字**』，而這些字彙 又形成一張「**彼此互聯**」的意義共同網絡，所以蜘蛛 (字根) 織出了一張蜘蛛網 (意義網絡)，把這些共享「相同字根」的單字，一網打盡。

因此，當我們在看一個 希伯來單字的時候，若能從「**字根**」及其相關的單字所構成的「**一張較大的意義網絡**」來「理解」這個單字，那麼這樣的理解，自然會比較整全。

接下來，我們就以「**妥拉 (תּוֹרָה)** 」這個字，它的字根 **(ירה)**，來看底下幾個都含有「**(ירה)** 這個字根」，而且彼此「意義相關聯」的單字:

第一個字，**(יָרָה)** 讀音 yarah. 就是「**(ירה)** 這個字根」本身，它本身也是一個單字，是一個動詞，意思為「**射擊**」shoot. 或更進一步說，是『**射中靶心，射中目標**』。下面，由 「**(ירה)** 這個字根」派生出來的單字，都會跟這個「**射擊**」或「**射中靶心**」的意義有緊密關聯。

第二個字，父-母親 **(הורה)** 讀音 horeh or horah. 父、母親要教育孩童，要「**引導**」他們「**射中靶心**」，行走在正確的人生道路和方向中，這樣小孩才不致

---

[1] 本文引自《奧秘之鑰-解鎖妥拉:利未記》No.10 妥拉<在我的律例>篇之第二段文字信息「律法與妥拉」，頁 151-153。

迷惘，丟失自己。

第三個字，老師 (**מורה**) 讀音 **moreh or morah**. 有句話叫『十年樹木，百年樹人』，教育乃百年大計，在學校培養人才的責任，就是在老師身上，因為老師 (也如同父母) 他們肩負著「**引導、指引**」學童要「**射中目標**」的使命任務，老師要教導學童行走在「**對的道路**」中，將來長大後，才能對國家-社會-家庭有所貢獻，而不是給社會製造問題和麻煩。

第四個字，「**說明-指引**」手冊、教學「**方針**」(**הוֹרָאָה**) 讀音 **horaah**. 我們知道，新進教師都需要參加「老師研習營」，目的是要「**引導**」這些新手老師，給他們一份「**指南**」，讓老師們知道如何來教育學童。

行文至此，我們看到了四個單字，從

1. (**ירה**)　　射擊
2. (**הורה**)　　父-母親
3. (**מורה**)　　老師
4. (**הוראה**)　指引-指南

以上這些單字都有一個相同的 「字根 (**ירה**)」，第一個字根 (**י**) 因為是「弱字根」，所以在大部分單字中它會消失不見，不會看到它出現在單字裡面。

有了以上這幾個單字的認識之後，最後，我們就再回來看看這個被翻譯成「**律法**」的單字：「**妥拉 (תּוֹרָה)**」

狹義地來說，**妥拉 (תּוֹרָה)** 對猶太人而言就是「摩西五經」。從最上面的『起首字根 (**ירה**) 射擊』一路理解下來，就比較能整全地來瞭解，其實「妥拉」比較好的翻譯，應該是正確的「**指引、指南、引導**」，英文為 **teaching, instruction**. **妥拉** 就是耶和華神給以色列百姓的一套 成聖「**生活指南**」，在這部生活寶典當中，**耶和華神告訴祂的子民，應該「如何」生活、要「怎麼」生活**。耶和華神就像一個慈父、或一位良師，要把「最好的」、「最奧秘」的聖法 給祂的子民，目的要「賜福」他們，使他們「得豐盛」。

正如保羅在羅馬書 9:4-5 說的『他們是以色列人，那兒子的名分、榮耀、諸約、**律法 (妥拉)**、禮儀、應許都是他們的； 列祖就是他們的祖宗；按肉體說，基督 (彌賽亞) 也是從他們出來的。』

132

最後再提一個字，**摩利亞** (מוֹרִיָּה) 讀音 Moriyah. 這個字是由兩個字(**מורה-יה**)
moreh - yah 組合而成，意思就是『**上帝的引導、教導**』，或更白話說『**上帝是指引者/老師。**』

猶太人相信，創世記 22 章中『亞伯拉罕獻以撒』的 **摩利亞山** (**הר מוריה**)，就是後來所羅門建造聖殿的 **聖殿山** (**הר הבית**)，所以座落在耶路撒冷聖殿山上的摩利亞山，這個地方，就是: **耶和華神發出對全世界話語「教導」的聖山**。正如以賽亞書 2:3 所說的：

> 『必有多國的民前往，他們說：
> 「來吧，讓我們登 耶和華的山，上到 雅各神的殿。
> 主必將他的道 引導 [2] 我們；我們也要行他的路。
> 因為 訓誨 (原文是妥拉) 必出於錫安；
> 耶和華的言語 必出於 耶路撒冷。』

הָלְכוּ עַמִּים רַבִּים וְאָמְרוּ
לְכוּ וְנַעֲלֶה אֶל-**הַר-יְהוָה** אֶל-**בֵּית אֱלֹהֵי יַעֲקֹב**
וְיֹרֵנוּ מִדְּרָכָיו וְנֵלְכָה בְּאֹרְחֹתָיו
כִּי **מִצִּיּוֹן תֵּצֵא תוֹרָה**
וּדְבַר-יְהוָה מִירוּשָׁלָ͏ִם

---

[2] 以賽亞書 2:3 節，「引導 (**וְיֹרֵנוּ**) 」這個動詞的字根就是 (**ירה**)，是一個 hifil 字幹的動詞。

字根 (כשר): 潔淨飲食、天賦、才能 [1]

眾所周知，直到現今的以色列，大部分的猶太人仍持守「潔淨飲食」條例 ，希伯來文 (כַּשְׁרוּת) 讀音 Kashrut.。

「**潔淨**」與「**不潔淨**」的食物條例，詳細記載在<第八日>這段妥拉，利未記第 11 章。 八 這個數字，對猶太人來說代表「**超驗**」，「**超越**」經驗，超凡「**入聖**」，因此<第八日>這一段妥拉正好是在講述兩件神聖「介入」到百姓日常生活的重大事件:第一是「會幕的開幕」大典，第二就是「**潔淨飲食**」條例的頒布。

耶和華神頒布「潔淨」食物條例，重點在於「**分別**」，以色列百姓必須要知道神的「聖法」，要學習 從造物主的眼界-觀點去「分別」「潔淨-不潔淨」的食物。當然，「潔淨」食物條例確實也給百姓帶來「健康」的效果。

但要問的是，耶和華神這樣對以色列百姓頒布「潔淨」食物條例的「要求」，其「用意和目的」何在？

第一、要知道當時百姓們在曠野，生活和居住環境惡劣，這表示說，能找到而且可以吃的動物本來就已經不多，現在耶和華神又「限制」更多，頒布「潔淨」食物條例後，似乎可以吃的東西「更少」。申命記 8:3：

『他苦煉你，任你飢餓，將你和你列祖所不認識的嗎哪賜給你吃，使你知道，人活著 **不是單靠食物，乃是 靠耶和華口裡所出的一切話。**』

「潔淨」食物條例的規定，是要使以色列百姓清楚地知道，**建造你們的 是耶和華神，並不是這些有形的物質。**

第二、耶和華神對以色列百姓頒布「潔淨」食物條例，目的其實也是要「**強健**」**百姓的身、心、靈**，也就是達致「**全人**」的健康狀態。在曠野沙漠中，缺乏物資和水源的情況下，一旦「生病」，除了可能「無藥可醫」，還會連累到其他人，再來，百姓在曠野中是處在一種「經常移動」勞碌奔波的「遷徙」狀態。

更重要的是，以色列百姓前進迦南地的途中，還有許多異邦異族等在前頭要和他們「打仗」，如果以色列百姓身、心不夠強壯，他們如何能應付曠野的惡劣環境，和四面八方的敵人征戰？

---

[1] 本文節錄自《奧秘之鑰-解鎖妥拉:利未記》No.3 妥拉<第八日>篇之第四段文字信息「不是單靠食物」，頁 41-43。

所以，耶和華神頒布「潔淨飲食」條例，對以色列百姓的飲食「嚴加控管」，就好像是 一位經驗豐富的「食品營養師」一般。

第三、在希伯來文裡，「**潔淨飲食 (כַּשְׁרוּת)**」條例 這個字的「字根 **(כשר)**」出現在其他字詞中，還有其他「意義相關」的意思，正好可以說明「**潔淨飲食**」對「**強健身、心、靈**」所帶來的果效，下面我們來看幾個裡面有 **(כשר)** 這個「字根」的希伯來文單字：

1. (כָּשֵׁר)，符合潔淨飲食條例的。
2. (כּוֹשֵׁר)，能力、力量。
3. (כִּשָּׁרוֹן)，天資、天賦、才能。
4. (מוּכְשָׁר)，有才能的、有天資的、才華橫溢的。
5. (מַכְשִׁיר)，裝備。
6. (לְהַכְשִׁיר)，訓練，使 (某人)「有能力」去任職。
7. (חֲדָר כּוֹשֵׁר)，健身房。

從上面幾個都共享有「**(כשר)** 字根」的希伯來文單字來看，可以清楚地知道一件事，那就是，猶太人深知「潔淨飲食」條例，除了是為了要達到「神聖/聖潔」的要求外，其實它確實還帶來「許多的益處」。.

「潔淨飲食」可以讓人的身、心、靈，處在一種「最佳」的狀態。當然，這裡或許還可以做一個大膽的推論和猜測，是否也因著猶太人有「潔淨飲食」的條例，所以才讓猶太人在萬族中顯得如此與眾不同、如此天賦異稟、如此聰明絕頂、如此充滿創意？ [2]

無論如何，利未記第 11 章的「潔淨飲食」條例，其實在猶太人眼中是一個非常重要的聖法和規定，因著遵守這樣的條例，得以讓猶太人的「命運血脈」延續至今，經歷過兩千年的流放、遷徙、逼迫、殺害，猶太人若是沒有一套「強健自身」的生活和飲食法則或許早已滅種，消失在這個地球上。

---

[2] 利未記 11:45『我是把你們從埃及地「領出來-**要提升**」你們的) 的耶和華，要作你們的上帝；所以你們要聖潔，因為我是聖潔的。』

字根 (מלך): 君王

猶太賢哲認為:

1. (מֹח) 腦　代表: 理智、意念‧理性層面。
2. (לֵב) 　心　代表: 感情、情感、感性層面。
3. (כָּבֵד) 肝　代表: 激情-肉體衝動、慾望層面。

把 腦、心、肝 這三個字的「起首字母」合寫在一起就變成:
(מֶלֶך) 君王。

昔日猶太賢哲解釋君王 (מֶלֶך) 這個字就說到
一個可以好好駕馭-控制自己的「肝 (כָּבֵד)、心 (לֵב)、腦 (מֹח)」,
並使其平衡運作的人,
才能成為一個王者,一個最頂尖,去管理-治理一切大事的 CEO. (מֶלֶך)。

136

字根 (משל): 治理、箴言

(משל) 這個字根本身當動詞是「統治、管理、治理 (מָשַל)」的意思，英文可以翻譯成 rule, govern.

當名詞 (מוֹשֵל) 意即:「管理者、統治者」governor, ruler.

因此，在現代希伯來文 (מֶמְשָׁלָה) 就是:「政府、治權」Government, Reign.

而希伯來聖經 箴言 的「書卷名」叫 (מִשְׁלֵי)。

再把上面所有共享「(משל) 這個字根」的單字羅列如下:

1. (מָשַל) 統治、管理、治理。
2. (מוֹשֵל) 管理者、統治者。
3. (מֶמְשָׁלָה) 政府、治權。
4. (מִשְׁלֵי) 箴言。

這就清楚地表示說，箴言 裡的這些格言、譬喻性的話語和內容，是能讓人得著有效自我「治理、管理」自己，籌劃人生的「智慧」指引和良方。箴言 9:10：

『敬畏耶和華是智慧的開端，
認識至聖者便是聰明』

字根 (נהג): 駕駛、引領、傳統習俗

「(נהג) 這個字根」基本的涵義是指: 在道路上「駕駛」。

底下來看幾個都共享有「(נהג) 這個字根」的單字：

1. (נֶהָג) 「司機、開車的人」driver ，所以在以色列要搭公車巴士，若不知道在哪一站下車，就去問問「司機」。

2. (נָהַג) 「開車」的動詞 drive.。

3. (הֶגֶה) 司機手上握的「方向盤」steering wheel.。

4. (מַנְהִיג) 開車是由一位駕駛「引領-帶領 (הִנְהִיג)」我們到目的地，所以「領導人-領導者」和「引領-帶領」這個動詞，裡面都有「(נהג) 這個字根」在其中。

5. (מִנְהָג) 這個字意指「指引」我們日常生活行為的「傳統風俗-習俗」custom, tradition。

6. (הִתְנַהֵג) 受到家庭、傳統、社會道德價值觀所「指引和教導」的為人處事，就是讓我們知道該如何表現出好的「行為」並「行在正路」上，就像司機可以把車開好，需時刻注意行車安全一般。所以這個動詞就是「行為-舉止穩妥」behave.

最後，來看聖經裡面的一節經文，詩篇 90:9 後半段的經文：

『我們度盡的年歲好像 一聲嘆息(הֶגֶה)。 』

中文和合本聖經把 (הֶגֶה) 一詞翻譯成「嘆息」sigh,moan，是沒有問題的，不過這個字若從現代希伯來文的語境來理解，就顯得更有趣了，因為 (הֶגֶה) 這個字上文已述，指的就是車子駕駛的「方向盤」。

所以詩篇 90:9『我們度盡的年歲 好像一聲嘆息。』這節經文，若用現代希伯來文的白話翻譯，那就是: 『我們用盡的年歲，就好像一個 開車 的人，駕駛著「自己的人生」，但這 方向盤，轉個一圈，就到目的地，人生終了。.』

字根 (נחש):「銅蛇事件」與 彌賽亞 [1]

『摩西便製造一條 銅-蛇 (נְחַשׁ נְחֹשֶׁת)，掛在杆子上；
凡被蛇咬的，一望這 銅-蛇 (נְחַשׁ הַנְּחֹשֶׁת) 就活了。』

上面民數記 21:9 的經文中，我們看到，「銅 蛇」的希伯來文 (נְחַשׁ נְחֹשֶׁת)，
注意到這兩個字「銅-蛇」都有一個共同的字根 (נחש)。

1. (נַחַשׁ)　蛇，讀音 nahash.
2. (נְחֹשֶׁת) 銅，讀音 nehoshet.
3. (נחוש) 魔法，讀音 nihush.

上面這三個字，都可以看到有這三個字母 (נחש) 的字根 在當中。

首先、
(נַחַשׁ) 蛇 這個字還可以拆成兩個字: (חשׁ+נח)
　(נָח) 休息，讀音 nach.
(חַשׁ) 迅速，讀音 hash.

創世記描述，蛇是一切活物當中「最狡猾」。牠平時看似安靜，不動聲色，好像
「休息 (נָח) 」一般，但在獵物毫不設防的情況下，就被蛇「迅速 (חַשׁ)」攻擊
致死。

這就是蛇的「詭詐-欺騙」，也因著蛇本性的「引誘和狡猾」，讓亞當和夏娃犯罪。
從希伯來文的「蛇 (נַחַשׁ) 」這個字本身，就已經看出蛇「奸詐狡猾」的性格。

第二、銅 (נְחֹשֶׁת) 也有著像蛇一般的「魅惑-奸詐」。因為銅的「外觀和顏色」，
看起來會讓人「誤以為、錯認為」是:金。所以銅，被稱為 **Fool's** Gold. 會「欺騙、
愚弄」人的一種礦物。

銅，就像蛇一樣，具有一種「誤導」人或會「讓人犯錯」的引誘性。

第三、巫術、魔法 (נחוש)。魔術表演，正是基於一種「表象的欺騙」，讓人信
以為真。再來，古時的人，經常會透過施展巫術，來取得超自然力量，以達到對
他人的控制。巫術、法術的出現，乃是基於一種對自然秩序的「不信任」及對自

---

[1] 本文引自《奧秘之鑰-解鎖妥拉:民數記》No.6 妥拉<律例>篇之第四段文字信息「銅蛇事件與彌
　　賽亞」，頁 78-81。

身的「**不滿足**」所產生的，因此，才需要透過巫術和魔法的手段來達成最終目的。

民數記 21:4-8 所記載的這一段「**銅蛇事件**」的經文是在講述:以色列百姓埋怨神和摩西，說他們在曠野沒有糧食吃，沒有水喝，心中厭倦「這淡薄的食物」(嗎哪)，於是，耶和華神降災，使火蛇進入百姓中，並咬死他們。百姓哀求，最後神就吩咐摩西，叫他造一個「**銅-蛇**」(נְחַשׁ נְחֹשֶׁת)，凡被蛇咬的，望這「**銅-蛇**」就活了。

耶和華神吩咐摩西造一個「**銅-蛇**」有很深刻的涵義:

首先、兩種都具有「**欺騙**」性格的東西:「**銅-蛇**」被放在一起，具有一種「**雙重狡詐**」的象徵。這是要「告誡」以色列民，當初你們的先祖，就是因為「不信靠」耶和華神，「不滿足」於我耶和華神，因此被蛇「**欺騙-誘惑**」而得罪上帝。

所以，當以色列百姓抬頭仰望「**銅-蛇**」時，他們便會想起先祖「犯罪」，從而警惕自己，正如他們現在「不滿足」於上帝所賞賜給他們夠用的飲食，而抱怨、得罪神。

另外，仰望「**銅-蛇**」，其實就是仰望「**自己的罪**」，看到自己犯罪的緣由和後果。

再來、因著以色列百姓的「**欲求不滿**」，想起在埃及時吃的豐盛美食和大魚大肉，於是，怨讟神。神就透過一種「類似法術」的辦法: 仰望「**銅-蛇**」來機會教育祂的百姓。目的要說明: **你們雖是仰望這「銅-蛇」，最終仍然是在仰望「我耶和華神」**。

耶和華神沒有因為以色列百姓的「不滿足、抱怨」，而給他們色香味俱全的魚肉，他們仍然吃著「淡薄的嗎哪」，但以色列民卻「想盡辦法」(魔法) 要「變出-找出」美食，可是怎麼變也變不出來，於是就威脅摩西要他帶領百姓「回埃及」。

耶和華神所供應的其實都是夠用的，只因百姓想滿足「肉體的慾望」，而不信靠順服神。所以耶和華神透過讓以色列民望著「**銅-蛇**」，使他們思想「自己的罪、悖逆-不義」。

約翰福音 3:14-15、12:32　耶穌說:

> 『摩西在曠野怎樣 **舉蛇**，人子 也必照樣 **被舉起來**，
> 叫一切信祂的都得永生。
> 我若從地上 **被舉起來**，就要吸引萬人來歸我。』

摩西造「銅-蛇」，以色列百姓要來仰望這條「被舉起來的蛇」，其實是一個先知性、預言性的活動，因為將來猶太子民要仰望的，就是這位從地上「被舉起來的彌賽亞」，人子被立在十字架上。

正如以色列百姓仰望「銅-蛇」會得醫治，在信靠、仰賴這位被十架立起來的彌賽亞:耶穌的同時，「看到」自己的罪惡「被釘死-掛起來」，然後悔改，就得著救贖。

因為，身為彌賽亞 這位拯救醫治者的耶穌，祂「背負」了全人類的「罪惡」(就如同「蛇」所象徵的)，被立在十字架上，釘死「這罪惡」。所以可以更激進一點的來說，**耶穌就是一個 (肩負全宇宙罪惡) 十惡不赦的 (無) 罪人**。

就正如羅馬書 8:3 所說的： 耶穌取了 **有罪的肉身**。

事實上，在當時的猶太宗教領袖眼中，耶穌澈底就是「一條邪惡的蛇」，祂膽敢在文士、法利賽人和祭司長面前默認，甚至宣稱: 祂自己就是彌賽亞，這樣干犯「褻瀆」耶和華神的罪，絕對不可赦免。因此，他們讓彼拉多用了羅馬人最羞辱的極刑，將這位自稱是彌賽亞的耶穌，「掛在十字架」上....也就是在這些猶太宗教權利機構的人士眼中，將這條萬惡不赦的蛇，釘死。

這裡，我們也就可以對照耶穌對那些法利賽人和撒督該人所說的，馬太福音 23:33：
『你們這些 **蛇類、毒蛇** 之種啊，怎能逃脫地獄的刑罰呢？』

是的，這個在文士、法利賽人和祭司長眼中，宣稱自己是彌賽亞、干犯褻瀆神的大罪人:耶穌，**被立起來/舉起來以後**，卻有萬民歸向祂，仰望祂，敬拜祂，並且帶來生命的醫治和更新。

字根 (נצר): 枝子、拿撒勒

以賽亞書 11:1-2, 10：

『從耶西的本必發一條；從他根生的「枝子 (נֵצֶר)」必結果實。 耶和華的靈必住在他身上，就是使他有智慧和聰明的靈， 謀略和能力的靈， 知識和敬畏耶和華的靈。到那日，耶西的根立作萬民的大旗；外邦人必尋求他，他安息之所大有榮耀。』

馬太福音 2:23：

『到了一座城，名叫「拿撒勒 (נָצְרַת)」，就住在那裏。這是要應驗先知所說，他將稱為「拿撒勒人 (נָצְרִי)」的話了。』

以賽亞書 11:1 的「枝子 (נֵצֶר)」指的是樹的「枝枒、根部」，這樹特別指的是在以色列地 (當然包括拿薩勒)，到處都可以看見的: 橄欖樹。

橄欖樹，是以色列的「國樹」，這種樹的特點就是，即使將它砍下，不需多久，根部又會長出嫩芽。橄欖樹最重要的部分就是: 埋藏在地裏的「根」，盤根錯節、縱橫交錯，深入地下 6 公尺，向「四面擴展-延續深入」其根部的範圍。

因此，橄欖樹生命力非常頑強，無論怎麼摧殘、濫砍，其「地下的根」依舊可以「長出新芽」。這象徵猶太人「堅韌」的生命力，儘管過去兩千年歷經遷徙、流放、迫害、屠殺，猶太人的民族血脈「仍舊延續」至今，屹立不搖。

回到以賽亞書 11 章，這一章講的是一個關於彌賽亞的預言。

耶穌的家譜大家知道，耶穌是大衛的子孫，是由「耶西-大衛」這個家族的根，所長出來的「枝子 (נֵצֶר)」。然而，耶穌，作為枝子，祂本身也是一個強而有力，蘊含無限生命力的根部，所有的樹枝和果葉 (列國萬邦)，都能從「這個根部」汲取所需的生命養分。

因此，當耶穌來到世上，他青年時期所成長的地方，也就是: 這個具有永恆生命泉源和能量的「根 (耶穌)」，就正好被種在、扎在「拿撒勒 (נָצְרַת)」這個城市。

因此，「拿撒勒 (נָצְרַת)」這個希伯來字，其意思指的就是「根部和枝子之城」所以，耶穌就被稱為「拿撒勒人 (נָצְרִי)」，亦即 有「耶西-大衛」血緣，一脈相傳的「根部和枝子」的人。在肉身上留著「以色列-猶大支派」的血液。

如保羅在羅馬書 9:4-5 所說：『他們是以色列人；那兒子的名分、榮耀、諸約、妥拉、禮儀、應許都是他們的。列祖就是他們的祖宗；按肉體說，彌賽亞 也是從他們 (以色列) 出來的。』

所以，信了耶穌的外邦人，也得以和這個本根「接枝」，從這根，汲取生命的養分，並一同繼承這「希伯來信仰」根源的寶貴遺產。

因此信耶穌的「基督徒 (נוֹצְרִי)」在希伯來文裡面也有 (נצר) 的字根在其中，意思是:被連結於「根部和枝子」的人，換句話說，是生命「連結於」耶穌的人。而「基督教」的希伯來文就是 (נַצְרוּת)，表達一種，隨時連結於根本，並能汲取養分的生命狀態。

總結以上提到幾個都有 (נצר) 這三個字母，也就是「這個字根」的希伯來單字：

1. (נֵצֶר)　根部和枝子
2. (נָצְרַת)「拿薩勒」:「根部和枝子」之城
3. (נָצְרִי)「拿撒勒人」，有「耶西-大衛」血緣一脈相傳的「根部和枝子」的人。
4. (נוֹצְרִי) 被連結於「根部和枝子」的人，生命連結於耶穌的人。
5. (נַצְרוּת) 一種隨時連結於「根本」，並能汲取養分的生命狀態。

以上這些字，都有一個共享的字根:「(נצר) 枝子」。

羅馬書 11:17-18、23-24：
『若有幾根枝子被折下來，你這野橄欖得接在其中，一同得著橄欖根的肥汁，你就不可向舊枝子(以色列) 誇口；若是誇口，當知道不是你托著根，乃是根 (以色列) 托著你。

而且他們若不是長久不信，仍要被接上，因為上帝 『能夠把他們重新接上』。你是從那天生的野橄欖上砍下來的,尚且逆性得接在好橄欖上,何況這本樹的枝子,要接在本樹上呢！』

透過「(נצר) 枝子」 這個字根，讓信耶穌的外邦人，更能清楚地意識到，基督 (希伯來的彌賽亞) 信仰的「根源」是來自哪裡。

淺論 (נְשָׁמָה, רוּחַ, נֶפֶשׁ): 智慧理性、情緒心情、慾望需求

在猶太賢哲的解經傳統裡，有類似於「靈-魂-體」的三分法，主要是由三個希伯來字所表現出來的。這三個字，很難用中文或英文直接對等的翻譯出來，通常是用「靈魂、精神、生命」，去翻譯這三個字。

第一、最高級的 (נְשָׁמָה)，這個字主要是指從神而來，和神所賦予人的「智慧、理性、神性光輝」，是在人裡面「永恆不滅的靈」。

第二，次一等的 (רוּחַ) 這個字主要指的是: 人心理「情緒、心情、情感」的面向，例如: 喜、怒、哀、樂、憂傷、愁煩、懷舊之情、戀愛、愛⋯⋯等等。

另外，(רוּחַ) 這個字，在聖經中比較常被翻譯的是「風、聖靈」。如果說聖靈會替人「擔憂、傷心」 (以賽亞書 63:10、以弗所書 4:30)，那麼這可以佐證猶太賢哲對 (רוּחַ) 這個字的解釋，就是這個字主要指的是心理「情緒、心情、情感」的面向。

第三、最低等的 (נֶפֶשׁ) 這個字主要指的是: 人的生理-生存的「身體需求-慾望」。

所以，按照以上這三個希伯來字的定義，若拿來對照「靈-魂-體」的話，就是:

靈，對應到最高級的 (נְשָׁמָה)
魂，對應到次一等的 (רוּחַ)
體，對應到最低等的 (נֶפֶשׁ)。

但是「肉體」，希伯來文還有另一個字叫做 (בָּשָׂר)。[1]

用以上這三個希伯來字去理解創世記 2:7 的經文的話，那麼，可以讀出 (或重新翻譯出) 這樣的詮釋:

耶和華神用土地的塵土造人，將生命的「(神性光輝、智慧、理性、具有語言能力的) 氣息 (נְשָׁמָה)」，吹在他的鼻孔裡， 那人就成了一個活著的「(具有基本生存能力、需求、慾望) 的個體 (נֶפֶשׁ)」。

所以，神創造人的「程序」，是先有「神性光輝、智慧、理性、具有語言能力的 (נְשָׁמָה)」，然後，才能成為一個活的「有基本生存能力、需求、慾望的 (נֶפֶשׁ)」。

---

[1] 創世記 6:3『人既屬乎「血氣/肉體(בָּשָׂר)」，我的靈就永遠都不會住在他裏面。 』

也就是說，是人裡面「那個神所賦予的 (נְשָׁמָה)，才能夠「去驅動」(נֶפֶשׁ)，使一個人，成為「活著的人」。

Abraham Maslow，馬斯洛，大家熟知的這位人本心理學家，美國猶太人，他的「需求層次理論 (hierarchy of needs)」跟 (נְשָׁמָה, רוּחַ, נֶפֶשׁ) 的分層很像:
最低的是: 基本生存需求，對應 (נֶפֶשׁ)。
再上一層是:愛、歸屬、情感，對應(רוּחַ) 。
最上層是:智慧、價值、自我實現，對應 (נְשָׁמָה)。

Sigmund Freud 弗洛伊德，奧地利猶太人，其精神分析體系，對「我(ego)」的分析，也分為三層:
最底層為:本我，代表慾望、潛意識，對應 (נֶפֶשׁ)。
第二層是:自我，是處理 (現實世界) 的意識，對應(רוּחַ) 。
最高層為:超我，代表良知、道德，對應 (נְשָׁמָה)。

行文至此，讓我不禁懷疑，這兩位猶太裔的心理學家，是不是都從他們的希伯來信仰，汲取傳統的智慧，只是將這智慧「改頭換面」，用心理學、實證科學的術語重新演繹一番。

字根 (עבר): 希伯來人、跨越-超越、另外一邊 [1]

當亞伯蘭回應神的呼召，離開本來安逸、舒適、熟悉的環境後，所展開的就是一條「四處遷徙、顛沛流離」的信心之路。

因此，在創世記 14:13 節，妥拉首次用「希伯來人(עִבְרִי)」一詞來稱呼亞伯蘭，「希伯來人(עִבְרִי)」這個字的動詞字根 (עבר) 意思是「遷徙、渡過、越過」，英文 pass, cross, transfer.，當名詞 (עֵבֶר) 是「邊、另外一邊」的意思，英文 side, opposite side。

所以「希伯來人(עִבְרִי)」這個字本身的意思，指的就是一個「不斷遷徙、搬遷」的人或是狀態，更深一層的意涵是說，這是一種 不斷跨越、超越自己，邁向另一邊、走向另一個遠方、或更高的目標。也就是說，當大家還在舒適圈，過著一般流俗的生活時，有一小群人已經 渡河，跨越，到另一邊去，走到更前面的目標和道路上去。

亞伯蘭，正是這樣的人，他是「希伯來人」，他踏上的是一條充滿未知，但卻是一個 不斷跨過、不斷超越自我 的信心旅途。雖然當中有許多挑戰和困難，但藉著他對耶和華神「完全的信心」，亞伯蘭一路上都「蒙神的保守」，而他也一路上「都在 築壇」，求告耶和華神的名，在示劍、伯特利、希伯崙。亞伯蘭「一路上都在 尋求」前方的道路，並且也都「遵行」耶和華神的吩咐和指示，以「確保」自己是「行走在 正確」的道路上。

另外與「希伯來人(עִבְרִי)」同字根的單字還有「希伯 (עֵבֶר)」。在創 10:21 節 首次提及「希伯」，說明他的祖先是「閃」。另外值得注意的是創 10:25 所記載：

> 『 希伯 (עֵבֶר) 生了兩個兒子，
> 一個名叫 法勒 (פֶּלֶג) (就是分的意思)，
> 因為那時人就 分地居住。』

根據猶太傳統，希伯 家族當時「拒絕參與」寧錄帝國的巴別塔的建造，所以 希伯 家族的語言並未被耶和華神變亂。

時至今日，希伯來語 就被稱为 (עִבְרִית)。

---

[1] 本文節錄自《奧秘之鑰-解鎖妥拉:創世記》No.3 妥拉<離去>篇之第一段文字信息「展開信心的旅途」，頁 34-35。

綜上所述，把前文提到都有「字根 (**עבר**)」的單字羅列如下：

1. (**עָבַר**) 遷徙、渡過、越過
2. (**עִבְרִי**) 希伯來人
3. (**עֵבֶר**) 邊，另外一邊
4. (**עֵבֶר**) 希伯
5. (**עִבְרִית**) 希伯來語

字根 (שבע): 「七」與「誓約」[1]

『六日要做工，**第七日** 是聖安息日，當有聖會；
你們甚麼工都不可做。
這是在你們一切的住處 **向耶和華** 守的 **安息日**。』利 23:3

在所有時間的「計算」單位中，除了一週「七」天的計算之外， 年、月、日，計算的根據都是來自於「自然界」的星球彼此之間「物理運動」所造成的距離而計算出來的。

首先講「年」， 一年 365 天，主要的根據是因為地球「繞太陽公轉」的時間，約莫是 365 天的緣故。

再來，「月」，一個月的時間有 30 天左右，這是因為月的「滿盈和虧缺」的一個完整循環是 30 天。

那麼「日」，也就是「一天」24 小時的概念怎麼來？ 那是因為「地球自轉」的時間是 24 小時。

最後，要問的是「**週**」，一週 **七天** 的時間是怎麼來？ 它有根據什麼自然定律嗎？答案是:沒有，只有一週「七」天時間的計算，它是「非自然的」，或者說是「超自然的」。創世記 2:2-3:

『到 **第七** 日，神造物的工已經完畢，
就在 **第七** 日歇了他一切的工，**安息**了。
神賜福給 **第七** 日，**定為聖日**；
因為在這日，上帝歇了他一切創造的工，就 **安息** 了。』

וַיְכַל אֱלֹהִים בַּיּוֹם הַשְּׁבִיעִי מְלַאכְתּוֹ אֲשֶׁר עָשָׂה
וַיִּשְׁבֹּת בַּיּוֹם הַשְּׁבִיעִי מִכָּל-מְלַאכְתּוֹ אֲשֶׁר עָשָׂה.
וַיְבָרֶךְ אֱלֹהִים אֶת-יוֹם הַשְּׁבִיעִי **וַיְקַדֵּשׁ** אֹתוֹ
כִּי בוֹ **שָׁבַת** מִכָּל-מְלַאכְתּוֹ אֲשֶׁר-בָּרָא אֱלֹהִים לַעֲשׂוֹת

正如上面創 2:2-3 這兩節經文所表明的，一週之所以被設定為「七」天，其實正是印證-證明了: 耶和華神用「七」天完成世界的「**創造**」，並且讓第「七」天被

---

[1] 本文引自《奧秘之鑰-解鎖妥拉:利未記》No.8 妥拉<訴說>篇之第四段文字信息「七與誓約」，頁 123-126。

分別出來，成為「聖日」的事實。

因此，很特別的是，**這個代表「完全-神聖」的這個數字:「七」**，也就成為了「**耶和華節期**」和一些其他相關「時間」曆法和聖法的一個基數，我們可以從最小的單元開始來說，譬如：

1. 在第「七」天的 **安息日**、
2. 為期「七」天的節期:**逾越節、住棚節**、
3. 從逾越節的隔日開始數「七」個安息日的俄梅爾就會來到的 **五旬節**、
4. 三個被安置在聖曆「七」月的重要節期:
   七月初一**吹角節**、七月初十 **贖罪日**，七月十五開始的 **住棚節**、
5. 然後，有第「七」年的 **「安息年(שְׁנַת שְׁמִטָּה)」**:這一年土地必須要休耕，而且奴隸會被無條件釋放。
6. 最後則是有滿了「七」個安息年之後的第五十年的 **「禧年 (יוֹבֵל)」**: 禧年除了土地休耕、奴隸釋放，還會有大規模的社會經濟及結構的變動，和財富重新調整，也就是「產業」會「各歸本家」。

以上，我們可以很清楚地看到，**耶和華神是如何地透過「七」這個數字，或者說透過「安息日」來建構，並「逐步擴大」所有的節期和時間聖法**: 從安息日開始、擴大到「節期」包括: 逾越節、五旬節、吹角節、贖罪日、住棚節，然後「再向上擴大」的安息年，最後則是「擴展至」影響層面最大的禧年。

接著來看看「七」這個字的希伯來文，七 (שֶׁבַע) 這個字的「字根」正如它本身的字母組成 (שבע)，也出現在具有「七」日的「**一週 (שָׁבוּעַ)**」a week. 這個單字裡，前文提到，只有「一週七天」的時間計算「不是根據」任何自然律所制定出來的。

再來是「**誓約 (שְׁבוּעָה)**」和「**起誓 (נִשְׁבַּע)**」的這個動詞,裡面都有 (שבע) 的字根在裡面,來看創世記 26:3，這節經文是耶和華神對以撒說的一段話：

> 『因為我要將這些地都賜給你和你的後裔。
> 我必堅定這個 **誓約 (הַשְׁבֻעָה)**，
> 就是 我向 你父亞伯拉罕 **所起的誓 (נִשְׁבַּעְתִּי)**。』

在上面這節經文中我們看到「**誓約 (שְׁבֻעָה)**」[2] 和動詞「**起誓 (נִשְׁבַּעְתִּי)**」[3]，這兩個字，正如前文提過，裡面都有「七 (שֶׁבַע)」的這個字根在裡頭。

---

[2] 創世記 26:3 中「**誓約 (שְׁבֻעָה)**」這個字是用「不完全拼法」。
[3] 創世記 26:3 的「**起誓 (נִשְׁבַּעְתִּי)**」動詞是「第一人稱單數完成式」的型態。

是的，在希伯來文中「七」和「**誓約**」有著極密切的關係。

因為耶和華神正是透過第「七」天的「安息日」，還有那些以「七」為基數的「**耶和華節期**」和以色列百姓「**起誓**-立約」，並且「**見證**」著祂與祂的子民:以色列的「**永恆盟約**」的關係。出埃及記 31:16-17：

『故此，以色列人要守 安息日，

他們要世世代代守 安息日，為 永遠的約。

這是 我和以色列人 永遠的證據；

因為六日之內耶和華造天地，

第七日 便 安息 舒暢。』

וְשָׁמְרוּ בְנֵי-יִשְׂרָאֵל אֶת-הַשַׁבָּת

לַעֲשׂוֹת אֶת-הַשַׁבָּת לְדֹרֹתָם בְּרִית עוֹלָם.

בֵּינִי וּבֵין בְּנֵי יִשְׂרָאֵל אוֹת הִוא לְעֹלָם

כִּי-שֵׁשֶׁת יָמִים עָשָׂה יְהוָה אֶת-הַשָׁמַיִם וְאֶת-הָאָרֶץ

וּבַיּוֹם הַשְׁבִיעִי שָׁבַת וַיִּנָּפַשׁ

透過出埃及記 31:16-17 這兩節的經文，讓我們清楚地看到，耶和華神透過第「七」天的 安息日，把祂自己與以色列所立的「**誓約-永約**」關聯到「**大地的創造**」與「**自然律的運轉**」，這就如先知耶利米所說的，耶利米書 31:35-36：

『耶和華如此說:

那使太陽白日發光，使星月有定例，黑夜發亮，又攪動大海，使海中波浪匉訇的，

萬軍之耶和華是祂的名。

祂如此說：這些定例若能在我面前廢掉，

以色列 的後裔也就在我面前 **斷絕**，永遠不再成國。』

字根 (שלם): 平安、完整、完全

(שלם) 這個字根，其基本涵義為:「完整、完全」的意思，底下列舉幾個裡面都有 「(שלם) 這個字根」的單字：

1. (שָׁלוֹם) 平安: 在現代希伯來文，日常生活中和人打招呼、問候最常用的一個字就是這個字。[1]

平安 一詞裡面有「(שלם) 這個字根」，這表示:真正的平安是一種「完全、完整」的平安，就如我們常講的:「闔家」平安、身心健「全」。

2. (שָׁלֵם) 完整、整個 whole, entire: 當我們說「整間」屋子、「整個」人如何如何、一「整個」禮拜、一「整」年的「完整、整個的 (שָׁלֵם)」形容詞。

3. (שָׁלֵם) 付錢 pay: 當我們買東西時，要做一個很重要的動作:「付錢」，尤其是買房子、車子……等等昂貴的東西，最後一定要把錢「付清」、「付完」才是真正結束這個 paying 的動作。

4. (מְשֻׁלָם) 完美的 perfect: 當我們說一件事情、一項工作、一場表演做得非常「完美的」，所用的形容詞。

5. (הִשְׁלִים) 完成 complete: 把功課、工作「做完」accomplish, complete 的動詞。另一個意思是和別人「和好」reconcile, make peace，回到從前「完整」友好的關係。

6. (יְרוּשָׁלַיִם) 耶路撒冷 [2]，以色列的首都，三大一神教的聖地: 耶路撒冷，她其中一個最主要的意思其實就是「和平之城」。

---

[1] (שָׁלוֹם) 平安 一詞在希伯來聖經出現很多次，例如民數記 6:26『願耶和華向你仰臉，賜你 (שָׁלוֹם) 平安。』

[2] 耶路撒冷城的的名字，起初被稱為「(שָׁלֵם) 撒冷」，創世記 14:18『撒冷王 (מֶלֶךְ שָׁלֵם) 麥基‧洗德也帶著餅和酒出來， 他是至高上帝的祭司。』

當然，(יְרוּשָׁלַיִם) 耶路撒冷 一詞裡面有的「(שלם) 這個字根」，更是意指 耶路撒冷是一個 (שָׁלֵם) 完整、整個 whole, entire 的城市，不能被分割、被分裂。

因此，對大部分的猶太人來說，維護耶路撒冷的「**完整、整全**」以至於「**平安**」乃是至關重要的事。

詩篇 122:3,6、147:2：

> 『耶路撒冷 被建造，
> 如同 **連絡整齊的** 一座城。』

> 『你們要為 **耶路撒冷** 求平安：
> 願愛妳的人興旺！』

> 『**耶和華建造 耶路撒冷，**
> 聚集以色列中被趕散的人。』

奧秘之鑰 文字智慧: 22 希伯來字母解析

作者：鹽光

發 行 人：鍾塩光

出 版 者：妥拉坊

地 址：台北市大安區忠孝東路三段 303 號 4 樓之 5

電 話：0916-556419

電子郵件：torahsc@gmail.com

網 址：www.torahsc.com

出 版 年 月 ：2023 年 5 月初版

定 價： 新台幣 888 元

ISBN 978-626-97072-5-6 (平裝)

展售處（銷售服務）：妥拉坊

地 址：台北市大安區忠孝東路三段 303 號 4 樓之 5

電 話：0916-556419

網 址：www.torahsc.com

電子郵件：torahsc@gmail.com

電子書設計製作：伯特利實業有限公司

設計製作：林子平

地 址：台北市文山區指南路二段 45 巷 10 弄 11 號 B1

電 話：29372711